XV Certamen de Teatro
"Dramaturgo José Moreno Arenas"

Primera edición: abril 2024

© de las obras: Juan Manuel Brun Murillo, Ricardo Molina Pérez, José Peñalver, Juan Mairena, Alejandro Estrada, Marta Velasco González, José Moreno Arenas
© del prólogo: Miguel Galindo Abellán
© de la edición: Ediciones Carena
c/ Alpens, 31, local
08014 Barcelona
Tel. 934 310 283
www.edicionescarena.com
info@edicionescarena.com

Diseño cubierta: María Moreno
Maquetación: María Moreno
Depósito legal: B-5665-2024
ISBN: 978-84-19890-59-7

Entidades colaboradoras:

Juan Manuel Brun Murillo, Ricardo Molina Pérez, José Peñalver,
Juan Mairena, Alejandro Estrada Mesinas, Marta Velasco González

- -

XV Certamen de Teatro
"Dramaturgo José Moreno Arenas"
2023

Índice

Introducción

No había tiempo que perder. Ha sido todo demasiado rápido, de vértigo. Primero, la llegada al Ayuntamiento y la toma de posesión como miembro de la Corporación municipal; después, la aceptación de las responsabilidades propias de una concejalía multidisciplinar tan exigente, pero a la vez tan enriquecedora, pues en la cultura, una de las áreas a mi cargo, está –como le he escuchado decir a José Moreno Arenas, el dramaturgo que da nombre al Certamen– el progreso auténtico del ser humano, el avance de toda civilización; más tarde, el encaje y adecuación de mi proyecto personal a los proyectos –ya realidades– que año a año vienen prestigiando el buen nombre de Albolote; por último, mi compromiso –renovación del adquirido por quienes me precedieron en estas placenteras obligaciones– con esta actividad que nos ocupa: el Certamen de Teatro "Dramaturgo José Moreno Arenas", que ya ha cumplido, con todo merecimiento, su decimoquinta edición.

Creo estar ya puesta al día en todo lo relacionado con el Certamen: historia desde sus orígenes, incluso antes, de cómo se gestó su creación y de las dificultades de sus primeros pasos; presente vivo, a la vista está su prestigio, que no conoce fronteras ni océanos que obstaculicen su expansión; y futuro de lo más prometedor, pues no hay más que repasar una a una las ediciones celebradas hasta el momento. Por supuesto, me he interesado por los nombres que ya lucen en el palmarés de ganadores de ambas modalidades; también por las obras que los han aupado a ese podio, incluso otras recomendadas en sus biografías; igualmente por las ceremonias anuales, por los componentes de los jurados, por las publicaciones, los estrenos, las entrevistas, etc.; y no me he olvidado de las entidades colaboradoras del Ayuntamiento de Albolote, de todo punto imprescindibles en esta aventura teatral: la Fundación Francisco Carvajal, Karma Teatro y Ediciones Carena, cada una de ellas en sus cometidos propios de patrocinadora, organizadora y editora, respectivamente.

Como hizo Antonia Guerrero –a quien he sustituido en estas lides culturales– en la Introducción al anterior libro, me siento felizmente obligada a invitaros a disfrutar de la lectura de las obras contenidas en este volumen que tenéis entre las manos. Obras de calidad contrastada. Tengamos muy presente que han sido seleccionadas entre las doscientas cincuenta y dos que han llegado desde todos los rincones del mundo: veintidós países han contribuido a hacer más grande nuestro Certamen; así como las diecisiete comunidades autónomas españolas, pues desde todas ellas nos han llovido textos que apostaban por el premio que hace quince años nació en Albolote, hoy referente teatral de norte a sur y de oeste a este.

Os dejo en manos del prologuista, Miguel Galindo Abellán, galardonado en la pasada edición, que os sabrá guiar hasta las páginas creativas de Juan Manuel Brun Murillo y Juan Mairena, los premiados este año; también de Ricardo Molina Pérez, José Peñalver, Alejandro Estrada Mesinas y Marta Velasco González, accésits; y, por supuesto, de José Moreno Arenas.

¡Arriba el telón!

Eugenia Rodríguez-Bailón Fernández
Concejal de Cultura del Ayuntamiento de Albolote

Prólogo:
Tomada por el teatro

Una vez más el Certamen de Teatro "Dramaturgo José Moreno Arenas" de la localidad granadina de Albolote muestra su fortaleza con esta nueva edición gracias al empuje del ayuntamiento, a los miembros organizadores, a sus jurados, a Karma Teatro y por supuesto al propio José Moreno Arenas, que da nombre al evento. Un certamen que ha situado a Albolote en el panorama teatral español y lo ha elevado a categoría internacional, tal es el origen de muchas de sus obras, provenientes de fuera de España. En esta convocatoria, de un total de 252 obras recibidas, 65 se remitieron desde países hispanoamericanos, 3 de la Unión Europea y 3 del continente africano. Tanto es así que si nombramos hoy en día Almagro, Mérida, Ciudad Rodrigo, Chiclana de la Frontera o Albolote, nos viene a la memoria, además del encanto y la personalidad de dichos lugares, el teatro, que con sus congresos y encuentros dan la altura y el interés necesarios para atraernos al aprendizaje y al divertimento.

Albolote, además, ha apostado por la modalidad de teatro en pequeño formato y ha dado un enorme impulso a estas obras con sus dos apartados: teatro breve y teatro mínimo, no lejos de las eternas polémicas sobre estos textos, dentro del maremágnum existente.

Digo no lejos de polémicas porque desde la Edad Media hasta nuestros días, dejando a un lado el teatro en gran formato, el que antes se denominaba comedia con una duración normal o superior, el otro segmento del teatro, teatro en pequeño formato, se ha subdividido en tantos apartados que precisaríamos contemplar con claridad un canon que abarcara todas las obras de este tipo. Bien es cierto que algunos momentos de la historia del teatro han sido estudiados por grandes figuras que han clarificado y dejado constancia de esos periodos, como en el caso del Siglo de Oro por Abraham Madroñal del CSIC-Universidad de Ginebra, y por Ignacio Arellano de la Universidad de Navarra-Instituto de Estudios Tirsianos, pero en nuestro siglo y el pasado no solo conocemos farsas, entremeses, follas y un largo catálogo de teatro breve, sino que se fueron sumando otras formas que en su mayoría creaban los propios dramaturgos para sus intereses: microteatro, pulgas, etc.

Los estudios más recientes pertenecen a César Oliva y Francisco Torres Monreal, con la sabiduría que desprenden, pero estamos faltos de ese canon que abarque el conjunto de todas las obras breves desde su origen y nos sitúe en un mapa en que poder situarlas, clasificarlas y definirlas todas en un sistema conceptual determinado, auspiciado por la epistemología del tema y que sirva para su explicación hasta nuestros días y los futuros.

Por ejemplo, si nos encontramos una obra de menor duración que las llamadas microteatro, al estilo de esta, que podría servirnos como ilustración:

(Sale una mujer al centro del escenario y se sienta en una silla. Mira al público y lo señala en silencio:)
ELLA.–Mañana, ya no seréis nada para mí.
OSCURO

¿la incluiríamos como microteatro? En estas piezas, que se han denominado nanoteatro, se despliega la unidad mínima de contenido escénico en una obra. Si deseáramos clasificarlas por su duración temporal en escena, ¿podrían ser nanoteatro, microteatro, pulgas…?

Esta es, en definitiva, la necesidad de que la crítica oriente sus estudios a un ámbito aún sin tratar en profundidad: ¿Qué tipos de teatro en pequeño formato existen? ¿Qué criterio serviría para su clasificación? ¿El tiempo escénico? ¿El tiempo textual? ¿El contenido? ¿El número de personajes?

A este respecto recomiendo un artículo de Susana Báez Ayala, Universidad Autónoma de Ciudad Juárez-Universidad de Granada, "El teatro breve e hipertextual en los albores del siglo XXI", en la revista Anagnórisis de investigación teatral, n.º 7, en el que analiza las múltiples formas estructurales y semióticas del teatro en pequeño formato.

Y ahora, mientras dejamos al margen estas cuestiones, es el momento de introducirnos de lleno en los premios que nos ocupan, los premios del Certamen de Teatro "Dramaturgo José Moreno Arenas".

Además, nos servirán para conocer si existen similitudes o disimilitudes entre las dos modalidades que se admiten a concurso.

Vaya por delante que la elevada calidad de los textos habla por sí sola y el jurado así lo ha demostrado en su fallo incuestionable. Con una primera lectura, observamos la maestría dramatúrgica de cada uno de los textos y la originalidad y el gran manejo del lenguaje en cada una de sus escenas.

Teatro Breve: Premio

El máximo reconocimiento en esta modalidad fue para la obra *Como cadáveres flotando en mitad del mar*, de **Juan Manuel Brun Murillo** (Monesterio, Badajoz, 1978). Escritor, dramaturgo y crítico cinematográfico. El jurado no fue parco en expresar su opinión sincera al respecto de tan espléndida pieza:

"Una reflexión dramática sobre las más íntimas frustraciones. La existencia de situaciones, más graves o más ligeras, que castran la libertad y la realización plena del individuo, encuentra en su expresión oral una vía de alivio. Para ello resulta fundamental la condición recíproca de los interlocutores, en conservación de un anonimato que va más allá de las voluntades respectivas. El juego del tren resulta eficaz para la teatralidad y la puesta en escena. Un desenlace demoledor completa esta interesante propuesta".

Insistiendo también en la demanda del ser humano ante la soledad que se percibe incluso rodeados de gente y de los avances tecnológicos y virtuales que van intentando poner parches a nuestra existencia.

Con solo dos personajes y una escenotecnia sencilla, casi de caseta de feria, UNO y DOS descargan todas las frustraciones que, sin duda, muchos podrían reconocer en sus vidas o en otras cercanas. Cualquier lector de esta obra se verá obligado a detenerse ante el espejo fulgente de un texto que va a devolverle una realidad cruel e incómoda.

Teatro Mínimo: Premio

El máximo galardón en la modalidad de teatro mínimo recayó en **Bernarda Z**, del dramaturgo **Juan Mairena**, director de escena nacido en Huelva. En 1988 se traslada a Madrid, donde se licencia en Periodismo y Ciencias Políticas. Más tarde, realiza estudios de doctorado en literatura y he aquí donde podemos rastrear el magnífico texto que se recoge desde su formación; así, el jurado califica el discurso de *Bernarda Z* como "breve escena independiente" y destaca del mismo que "aporta una posibilidad dura, que precisa de forma imprescindible del conocimiento previo por parte del receptor del material precedente, en un monólogo muy conseguido. La represión de Bernarda Alba sobre sus personas cercanas, la opresión constante y la inflexibilidad de la protagonista de la tragedia lorquiana prefiguran al tiempo que posibilitan este breve momento de visión alternativa, quizás complementaria a dicha tragedia".

Y tan complementaria y alternativa que nos sumerge en una de las escasas visiones de este drama con una modernidad y una frescura propias del cómic, del relato de terror, de las series de plataformas televisivas, como su título avanza: *Bernarda Z*, en un guiño hacia argumentos de zombis que ustedes mismos vivirán en su lectura.

No solo el final distinto de la obra es destacable, puesto que Bernarda, continuando con su anclaje tradicional para sus familiares, ha llegado hasta una actualidad tecnológica impensable para el momento en que se desarrolla el drama de Lorca.

Primer accésit de Teatro Breve

Recae esta mención en la obra *Ausencia*, de **Ricardo Molina Pérez** (Madrid, 1967), licenciado en Filosofía por la Universitat de València y con amplia experiencia en guiones en la Unión Europea y en productoras, como la reconocida Lola Films.

Ausencia es un texto sobre la soledad más absoluta, que se desarrolla en un escenario (un bar) en el que se hace más patente el silencio de la sociedad que nos rodea a diario… si se halla vacío.

Lucía, en un intento desesperado y llegando al bar tras haber realizado algunas compras que porta, se sienta en el local, extrañada de la tremenda soledad que la rodea, y crea un personaje ausente que entra y entablará conversación con ella.

El centro de la trama se concentra en la afirmación de Lucía nada más comenzar la acción dramática:

LUCÍA: Pero ¿dónde está todo el mundo? ¡Esta soledad me está matando!

Segundo accésit de Teatro Breve

Ha obtenido esta distinción la obra *Vetusto*, de **José Peñalver** (Orihuela, 2004), joven novelista y dramaturgo, estudiante del primer año de Lengua y Literatura españolas, que cuenta con una novela publicada y diversos textos teatrales.

Nos encontramos ante una obra de amor, de admiración, de envidia y de odio. Los personajes principales, Tomás Vetusto (escritor retirado) y Claudio Vivaz (joven promesa de la novelística), coincidirán en sus vidas para llevar esos sentimientos a los rincones más elevados de su existencia. Vetusto desea la juventud, la frescura y el futuro prometedor de Claudio; Claudio desea la fama, la sabiduría y la maestría del escritor retirado.

Admiración, envidia y odio irán intercambiándose entre ambos personajes hasta llegar a unos límites más cercanos a la psicopatía que a los propios de un ser humano equilibrado.

En definitiva, ambos personajes son el mismo personaje visto desde diferentes momentos y en diferentes épocas de sus vidas.

Una obra que nos permite augurar un brillante futuro a este joven dramaturgo, a quien, con total seguridad, esperan las tablas.

Primer accésit de Teatro Mínimo

Elucubre usted es el título de la pieza merecedora de este apartado, escrita por **Alejandro Estrada Mesinas**, (La Punta, Callao, Perú, 1943), ingeniero y de innumerables inquietudes artísticas: narrador, dramaturgo, actor, titiritero, luminotécnico… Considerado como un creador realista y satírico, evocativo, entrañable y onírico, tal como podrán comprobar durante la lectura de esta obra.

La escena ocurrida entre un Hombre Alto y un Hombre Bajo tiene tintes surrealistas, con un tono humorístico e incluso sarcástico en algunos momentos, y supone la concatenación de casualidades extremas llevadas a cabo por la imaginación de los personajes, en una suerte de –como si de una composición poética se tratara– correlación diseminativa recolectiva a través de un texto que se mueve entre el simbolismo y lo fantástico. La brillantez de esta pieza ocurre con el inesperado final: todo ese mundo inventado se quebrará cuando el Hombre Alto descubra que lo que allí ocurre es solo y simplemente realidad y dejará de interesarle la conversación y cualquier historia que allí ocurra, puesto que, en el fondo, el personaje vive de su propia irrealidad.

Segundo accésit de Teatro Mínimo

Esta última mención especial, titulada *Una decisión sencilla*, corresponde a la autora **Marta Velasco González** (Madrid, 1973), psicóloga, que tras diversos trabajos consigue el XXIV Premio Internacional Julio Cortázar de relato breve de la Universidad de La Laguna (2021), además de obtener premios de teatro como el Carro de Baco (2022) y el Miguel Hernández (2023).

Nos encontramos ante un texto reivindicativo sobre el amor, pero no el amor como se conoce en su simpleza, sino el amor sin más límites que el que cada persona quiera aplicarle: sin un sexo concreto, sin edad ni modas; un amor transparente, tan puro que desembocará en la difícil decisión de una decisión sencilla. Un texto que sirve como gran ejemplo del poder emocional y vivo del teatro en su propia actualidad.

Colofón

Como colofón a esta edición, contamos con dos originales de José Moreno Arenas escritos en los dos formatos del certamen: uno de teatro breve y otro de teatro mínimo. En ambos textos encontramos un objetivo común: la perfecta simbiosis ente el fondo y la forma de las obras; es decir, la base de cualquier trabajo dramatúrgico para alcanzar la plenitud del texto, su emoción y su teatralidad.

El primero de ellos, **El sueño**, es una obra metateatral, cuyos personajes (dos actores) buscan su personalidad dentro de sus propios sueños para encontrarse a sí mismos. Junto a ellos el tercer personaje, un policía, supone el contrapunto o la conexión con la realidad, al que intentan convencer de que "soñamos que vivimos", a pesar de que el policía sigue firme en sus convicciones y llega a afirmar: "Comedia, la filosofía; comedia, la mentira". El autor, para provocar al espectador y hacerle jugar con el texto, llega a romper la cuarta pared cuando uno de los actores señala al público: "Seguro que en el patio de butacas hay algunos", reafirmando la escena onírica que están observando.

El segundo texto, **La pena**, contribuye a las conocidas pulgas dramáticas del autor y desarrolla en una vertiginosa escena la conversación entre una madre exigente, manipuladora y caprichosa, y un hijo "desobediente", dando lugar a ambos personajes a desenvolverse como si de dichos y proverbios estuvieran configurados: *No pienses en lo que desees porque acabará por cumplirse* y *Quien bien te quiere te hará llorar*.

Y tras estas dos brillantes obras les toca a ustedes juzgar. Con todo, podrán leer de forma amena y con total regodeo una colección de piezas de una enorme calidad estética y dramática, y les harán desear que una nueva edición del Certamen de Teatro

"Dramaturgo José Moreno Arenas" vuelva a convocarse pronto para contribuir al placer de engrosar el catálogo de textos teatrales españoles y para que nuestra cultura no muera jamás en un cajón y sirva para ejemplo y orgullo de quienes amamos el teatro.

Para eso se creó y llegó hasta nosotros desde Albolote y para eso confiamos que seguirá sonando, igual que sonará para este momento, que creo que servirá como el mejor homenaje que recordar, una cancioncilla de Juan del Enzina que escribió para la Granada que nos acoge: "Levanta, Pascual, levanta, aballemos a Granada, que se suena qu'es tomada" (por el teatro).

Miguel Galindo Abellán
Dramaturgo
Doctor en Filología Hispánica

Modalidad de Teatro Breve

Modalidad de Teatro Breve: Premio

Como cadáveres flotando en mitad del mar

de

Juan Manuel Brun Murillo

Como cadáveres flotando en mitad del mar

PERSONAJES

UNO
DOS

*Al iluminarse la parte izquierda del escenario —la parte
derecha permanece a oscuras—, surge el esbozo del vagón
de un tren vagamente decimonónico.* UNO *está sentado
en el extremo derecho de la parte izquierda y* DOS,
*frente a él, en el extremo opuesto. Los asientos son ban-
cos de madera corridos de dos plazas. En el medio de
ambos asientos hay un pequeño tablero rectangular ado-
sado a la pared y encima de él, una imagen de un paisaje
bucólico que parece querer simular la ventana del vagón.
La conversación entre los dos hombres transcurre a trom-
picones, con silencios constantes, avanzando y deteniéndose bruscamente, como los frenazos y acelerones de un
conductor novel.*

UNO: Hola.
DOS: Hola.
UNO: ¿Qué tal?
DOS: Bien, ¿y tú?
UNO: Bien.

UNO *se levanta y le estrecha la mano.*

UNO: Me llamo Rodolfo.

DOS *asiente con la cabeza, pero no dice nada.*

UNO: ¿Y tú?
DOS: Eeeeh… Julián.
UNO: ¿Julián? *(Suspicaz).* ¿Ese no será tu verdadero nombre?
DOS: *(Vehemente).* No, no lo es, no te preocupes. *(Se encoge de
hombros).* Es que no se me ocurría otro.

Silencio.

UNO: Pareces nervioso. ¿Es tu primera vez?

DOS: La tercera. Lo que pasa es que siempre he sido muy nervioso... ¿Y tú? ¿Has venido más veces?

UNO: Sí. Esta debe ser ya la octava o la novena vez por lo menos.

DOS: Pues entonces es que te ha ido bien.

UNO: Sí, se puede decir que sí. ¿Y a ti qué tal te ha ido?

DOS: No sé. *(Se encoge de hombros).* ¿Bien?

UNO: *(Se ríe).* ¿Esperas que eso lo conteste yo?

DOS: Quiero decir que si he vuelto supongo que es porque la cosa ha funcionado.

UNO: O quizá vuelves precisamente porque no lo ha hecho.

DOS: Es otra forma de verlo. *(Con un gesto de confusión).* ¿Sabes? La anterior vez fue un poco extraña. El chico era demasiado joven, o esa fue la impresión que me dio a mí.

UNO: No sé si podemos hablar de eso.

DOS: ¿De qué?

UNO: De las veces anteriores.

DOS: ¿Por qué?

UNO: *(Se encoge de hombros).* No sé. Hay tantas prohibiciones... *(Mira el reloj).* Además, tampoco es que tengamos demasiado tiempo.

Silencio.

DOS: ¿A dónde te diriges?

UNO: *(Extrañado).* ¿Sueles jugar a eso?

DOS: A veces. Por romper el hielo. El chico anterior me lo preguntó.

UNO: *(En un ligero tono de reconvención)*. El chico anterior...

Silencio.

UNO: Yo soy más de ir al grano. *(Sonríe con desgana)*. Llámame adolescente si quieres.

DOS: *(Sonríe)*. Eso ha sido gracioso.

UNO: Eres un público muy amable.

> *Silencio más largo que los anteriores. Se miran a los ojos. El gesto de* UNO *se torna más ceñudo y concentrado.*

UNO: Hace años que no soporto a mi mujer. En realidad, no la he soportado en mi vida. Ni siquiera al principio, cuando estaba loco por ella. Que ese fue precisamente el problema, que estaba tan loco por ella que me daba igual saber ya entonces que no iba a poder soportarla jamás.

DOS: ¿Lleváis mucho tiempo juntos?

UNO: Veinticinco años.

DOS: ¡Uf!

UNO: *(Imitándole)*. ¡Uf! ¿Ves? Ese es el ruido que escucho en mi cabeza todos los días al despertarme a su lado. El mismo ruido que escucho en el desayuno y en la comida, o cuando me cuenta con esa vocecilla suya tan desagradable la última discusión de los vecinos... ¡Uf! Ese es el resumen de mi vida con ella.

DOS: ¿Y por qué no la dejas?

UNO: *(Se ríe a carcajada limpia)*. ¿Crees que no lo he intentado? Un millón de veces. La dejo y a las pocas horas vuelvo con el rabo entre las piernas. Y siempre que vuelvo, ella saca tajada: un vestido, un viaje, una joya… En función del tiempo de "abandono", me pone un precio… Una vez incluso me fui de viaje a Tailandia. Me pasé la semana entera en el hotel llorando, escribiéndole *mails* y *whatsapp* desesperados e implorándole un perdón que sabía que aquella vez me iba a costar más caro que nunca.

DOS: ¿Y cómo aguanta eso tu mujer?

UNO: ¿El qué?

DOS: El que la dejes constantemente.

UNO: Solo hay una forma de que lo aguante, aparte del precio que me hace pagar cada vez que la dejo. *(Se encoge de hombros)*. Que le importe una mierda.

DOS: ¿Y por qué no te deja ella a ti?

UNO: ¿Por qué iba a hacerlo? Somos la pareja perfecta: tenemos dinero, salud y una casa de postal. ¿Por qué se iba a cargar ella esa postal? Sobre todo, gustándole tanto las postales… ¿Sabes que las colecciona?

Silencio. DOS *adopta un gesto serio y concentrado.*

DOS: Mi mujer me abandonó hace cinco años.

UNO: ¿Por qué?

DOS: Por no tener agallas.

UNO: ¿Es que quería casarse con un pez? *(Mira el rostro apesadumbrado de* DOS *y se disculpa)*. Perdona.

DOS: No tienes por qué disculparte. *(Con impostada solemnidad)*. No quería casarse con un pez, quería casarse con un hombre. Eso es lo que me dijo cuando me dejó.

UNO: ¿Te duele?

DOS: Lo he superado.

UNO: ¿Cómo?

DOS: Dándole la razón. *(Con una ironía triste)*. Soy un pobre hombre o un medio hombre, depende de si para medirme usas una sonda o un metro... *(Suspira)*. Esa es la pura verdad. Y ya está. No es tan difícil. Solo es cuestión de aceptarse tal y como uno es.

UNO: Pero ¿cómo puedes aceptar eso?

DOS: Lo mismo que acepto que carezco de alas y no puedo volar. *(Se sonríe)*. ¿Sabes? De pequeño lo pasaba fatal por eso.

UNO: ¿Por no tener alas?

DOS: Sí. No entendía que cualquier estúpido pájaro pudiera salir volando y escapar de todo *(moviendo los brazos)* haciendo solamente así. Para mí era incomprensible. ¿No éramos nosotros, los humanos, supuestamente, los reyes del mundo? Entonces, ¿por qué esos absurdos animalillos podían volar y nosotros no? *(Pausa)*. De pequeño vivía en un pueblo y, como venganza, buscaba nidos de gorriones para matar a sus crías.

UNO: *(Horrorizado)*. ¿De verdad hacías eso?

DOS: Es peor todavía de lo que crees. No mataba a las crías dentro del huevo. Esperaba que lo rompieran para matarlas. Necesitaba ver sus cuerpos gelatinosos salir del cascarón piando desesperados. Entonces, las arrancaba del nido y las machacaba en el suelo con una piedra.

Silencio.

UNO: ¿Y al final lo superaste?

DOS: Sí.

UNO: ¿Cómo?

DOS: Como superé después lo de ser insignificante. Aceptándolo. Asumiendo que no podía volar. Una vez que lo acepté, no volví a tocar a un pajarillo ni a dañar a ningún otro ser en la tierra.

UNO: *(Irónico)*. Eres todo un pacifista.

DOS: Un cobarde más bien.

UNO: Veo que eso también lo has aceptado.

DOS: *(Se encoge de hombros)*. Una vez que aceptas que no puedes volar, eres capaz de aceptar cualquier cosa…

Silencio largo.

DOS: Y luego está mi hijo.

UNO: ¿Tu hijo?

DOS: Sí, mi hijo.

UNO: ¿Qué pasa con él?

DOS: Que no me habla desde hace un año.

UNO: Eres un tipo con suerte. Yo no sé nada del mío desde hace tres.

Silencio.

DOS: Se hace duro, ¿eh?

UNO: No tiene por qué serlo.

DOS: Para mí lo es.

UNO: Lo es porque te culpas.

DOS: ¿Cómo no me voy a culpar?

UNO: ¿Y por qué deberías culparte? *(Le mira con atención)*. Seme sincero: ¿tienes tú la culpa de lo que le pasa a tu hijo?

DOS: *(Casi en un susurro)*. No.

UNO: Pues yo tampoco la tengo de lo que le pasa al mío.

DOS: Pero él lo dice y eso duele.

UNO: ¿De qué te culpa?

DOS: Del trabajo de mierda que tiene.

UNO: ¿En qué trabaja?

DOS: Ahora está en el paro.

UNO: *(Con un matiz irónico).* Pues debería culparte entonces de la mierda de paro que tiene, ¿no? Ni para quejarse valen ya los chavales de ahora.

DOS *sonríe sin ganas. Silencio.*

DOS: Dice que de pequeño no le exigía nada, que todo lo que hacía me parecía bien, que nunca le apreté cuando llegaban los exámenes, ni me enfadaba cuando traía malas notas. Me echa en cara que siempre le decía lo mismo: que si sentía que había trabajado lo suficiente, eso bastaba. *(Suspira).* Yo lo único que quería es que fuera feliz.

UNO: El mío se queja de lo contrario.

DOS: ¿De lo contrario?

UNO: Sí, justamente de todo lo contrario. Dice que le exigí demasiado, que estaba siempre encima de él y que nunca nada de lo que hacía me parecía suficiente. *(Sonríe con desdén).* La última vez que hablamos me recordó el día que llegó a casa con un diez y me enfadé con él.

DOS: ¿Te enfadaste con tu hijo por haber sacado un diez?

UNO: *(Molesto).* No, me enfadé con él porque podía haber conseguido una matrícula de honor. Tenía derecho a ella. Si hubiera presionado un poco al profesor, se la habrían concedido. Sin embargo, se quedó de brazos cruzados y satisfecho con ese estúpido diez.

DOS: *(Irónico).* Desde luego que hay gente que se conforma con cualquier cosa...

UNO: *(Continúa como si no le hubiera escuchado).* Yo lo único que quería era que entendiera que en la vida nadie te regalaba nada y que si no exiges lo que es tuyo por vergüenza o conformismo, eso también puede considerarse un fracaso.

DOS: La vida como competición…

UNO: ¡No digas chorradas! No te quedes como el resto del mundo con el estereotipo. *(Imitando y teatralizando a ese supuesto resto del mundo).* ¡Entren y vean al malvado padre que nunca le dio una caricia a su hijo!… Solo cuando te exiges el máximo puedes llegar a alcanzar todo tu potencial; y solo desarrollando todo tu potencial puedes lograr una felicidad plena… Yo quería lo mismo que tú: que mi hijo fuera feliz. La única diferencia es que yo quería que alcanzara la máxima felicidad de la que era capaz. Y esa máxima felicidad solo era posible si lograba las metas para las que estaba destinado.

DOS: ¿Y las alcanzó?

UNO: Iba de camino. Lo admitieron en el MIT. Fue el número 1 de su promoción. Se lo rifaban las compañías tecnológicas de Estados Unidos. *(Con desaliento).* Pero un día decidió abandonarlo todo.

DOS: ¿Abandonó los estudios?

UNO: Abandonó una vida. Y el muy estúpido la abandonó solo para castigarme.

DOS: ¿Qué hizo?

UNO: El imbécil. Me dijo que le había robado su juventud y que iba a dedicar el resto de su vida a recuperarla.

DOS: ¿El resto de su vida? *(En broma).* Pues sí que quería alargar la juventud… *(Mira el gesto serio de Rodolfo. Contrito).* Lo siento.

UNO: Estuvo un tiempo de mochilero por Estados Unidos y luego regresó a España. Lo poco que sé de él lo sé a través de su madre. Que también, por cierto, lo usa para castigarme y cobrarse deudas atrasadas. Me dice que por respeto a su decisión no puede contarme nada de su vida.

DOS: ¿No has intentado encontrarle por tu cuenta?

UNO: ¿Y para qué cojones iba a querer encontrarle? ¿Qué interés podría tener en ver a un borracho tirado en una cuneta o a un drogadicto viviendo debajo de un puente? *(De nuevo con una sonrisa de desdén).* ¿Sabes que hasta me echó la culpa de que hubiera roto con "la mujer de su vida"? Me hacía responsable a mí de que *(subraya)* él la hubiera dejado a ella.

DOS: ¿Qué se supone que hiciste?

UNO: Nada. Un día la trajo a casa a cenar. La pobre muchacha no valía ni la décima parte que él. Era una relación absurda. Estoy seguro de que él también se daba cuenta de lo absurda que era. Le había educado bien. Por eso no tenía dudas de que la terminaría dejando. Aparte de eso, no hice nada más.

DOS: Algo te diría él que hiciste.

UNO: Dice que me opuse desde el primer momento a la relación. Mentira. Lo único que hice fue no reírme de las tonterías que dijo la muchacha durante la cena. *(Con un matiz irónico).* De lo único que se me puede acusar es de tener sentido del humor.

Silencio largo.

DOS: Tal vez si hubiéramos intercambiado a nuestros hijos, habrían sido mucho más felices.

UNO: *(Duro).* Eso es una auténtica gilipollez. Digna de tu hijo. O del mío. *(Rebajando la dureza en el tono).* Tienes que empezar a pensar por ti mismo y no dejarte llevar por los lugares comunes y los estereotipos. Y, sobre todo, tienes que dejar de culparte. Cada vez lo tengo más claro. Ninguno de los dos hicimos nada mal. Sencillamente, tuvimos mala suerte en la ruleta de los hijos. Da igual lo que hubiéramos hecho. Ser más o menos duros; más o menos exigentes; más o menos cariñosos; perdonarles más o menos sus ofensas… Lo que nos ha pasado no es tan extraño, si lo piensas bien. En cierto modo es lo más natural. *(Didáctico)*. La perpetuación de la especie es una cosa muy sencilla. En esencia va de reproducir un código. Lo mismo que hacen las máquinas. Y si incluso ellas, que son supuestamente infalibles, se equivocan, ¿cómo no nos íbamos a equivocar nosotros? Es absurdo culparse por lo que parece un simple defecto de fábrica.

DOS: Yo sí que me culpo.

UNO: Pues no tienes por qué hacerlo. *(Le mira con fijeza)*. Repite conmigo: "Yo no tengo la culpa de la mierda de vida que tiene mi hijo".

DOS: No puedo decirlo.

UNO: ¿Le dijiste a tu hijo alguna vez que no se esforzara y que la vida era como una película de Hollywood?

DOS: No.

UNO: Entonces, ¿por qué pensaba eso? Y, sobre todo, ¿por qué actuó como si la vida fuera realmente así? *(Pausa)*. ¿Tú qué pretendías?

DOS: Que fuera feliz.

UNO: ¿Y te puedes culpar por eso?

DOS: No…

UNO: Pues ¿por qué te culpas exactamente? *(Silencio)*. Ambos buscábamos lo mismo; que nuestros hijos fueran felices. Lo nuestro era solo una diferencia de grado.

Por eso no somos culpables de nada. Por eso yo no me culpo. Por eso tú tampoco deberías culparte. *(Intenso)*. Dime: ¿tienes tú la culpa de la vida de mierda de tu hijo?

DOS: No.

UNO: Más alto.

DOS: No

UNO: ¡Más alto!

DOS: ¡No, hostias, no! ¡Yo no tengo la culpa de la mierda de vida de mi hijo! Esa es la verdad. ¡La verdad! Si su vida ha sido una mierda, la culpa ha sido suya, suya, ¡suya!

> UNO *se levanta y le da a* DOS *unas palmadas en la espalda.*

UNO: Muy bien, amigo. Muy, pero que muy bien.

DOS: ¡Puf! Qué bien se queda uno, ¿eh?

UNO: Como nuevo.

> *Silencio largo.*

DOS: Ha estado bien, ¿eh?

UNO: Sí, no ha estado mal.

> *Silencio.*

DOS: Se nota que cada vez van afinando más.

UNO: El algoritmo es muy bueno.

DOS: Nuestro dinero que nos cuesta…

UNO: Ya, pero es un dinero muy bien gastado. Yo estuve un tiempo en el modo Básico y la verdad es que fue un desastre. Me tocaba cada uno… En el modo Premium está claro que buscan perfiles más congruentes.

Silencio.

DOS: ¿Sabes que hay un modo Premium Plus?

UNO: ¿Premium Plus? ¿De verdad lo llaman así?

DOS: Bueno, el nombre exacto creo que es Premium Vip o algo así.

UNO: *(Irónico).* Muy original, aparte de muy poco redundante. ¿Y qué tiene de especial?

DOS: Dicen que la experiencia es mucho más inmersiva.

UNO: ¿Y eso significa que…?

DOS: Que hacen que el viaje en tren parezca real. Al parecer emplean técnicas de realidad virtual para simular que está en movimiento. Y por la ventana se ve incluso como se atraviesan campos y ciudades.

Silencio.

DOS: ¿Qué nos han puesto a nosotros en la ventana?

UNO: Un paisaje mesetario. Puro Antonio Machado. Es como desplegar uno de sus poemas sobre Soria.

DOS: La verdad es que se lo podrían haber trabajado un poco más. Se nota a la legua que es una foto.

UNO: A mí la verdad es que me da igual lo que se vea por la ventana o que hagan descarrilar el tren para hacerlo todo más real. Lo importante es lo bien que funciona el algoritmo.

Silencio.

DOS: ¿Has tenido alguna vez en la vida real una experiencia como esta?

UNO: ¿La de contarle mi vida a un desconocido en un tren? No, pero siempre había fantaseado con ello. ¿Y tú?

DOS: Yo tampoco. Una vez estuve cerca de tenerla, pero cuando empezamos a intimar un poco resultó que el sujeto aquel era un primo lejano mío.

Silencio.

DOS: ¿Cuánto nos queda?
UNO: Cinco minutos.
DOS: ¿Quieres aprovechar para soltar algo más?
UNO: Yo creo que por hoy ya he soltado lo suficiente.

Silencio.

DOS: ¿Por qué no...?
UNO: ¿Por qué no qué?
DOS: ¿Por qué no quedamos un día fuera de aquí? No es necesario siquiera que sea en un tren...
UNO: Ya sabes que está prohibido.
DOS: ¿Quién se iba a enterar?
UNO: ¿Tú lees lo que firmas?
DOS: ¿Alguien lo lee?
UNO: Yo lo leo. Les autorizas a que controlen durante un tiempo tus redes sociales, tus correos, tu móvil... así se aseguran de que no hay ningún contacto posterior. Y si intentáramos burlarles, el algoritmo —por pequeños cambios que detectaría en nuestras rutinas— nos terminaría descubriendo. Y tendríamos que pagarles entonces una indemnización bastante considerable.
DOS: No me importaría arriesgarme.
UNO: *(Chasca la lengua).* Pues a mí sí que me importaría. Y, además, si te soy sincero, tampoco creo que sea necesario volver a quedar. No vamos a mejorar lo de hoy.

DOS: ¿Por qué no?

UNO: *(Chasca la lengua).* Si hoy nos hemos contado todo lo que nos hemos contado, ha sido, básicamente, porque no nos conocíamos de nada, y porque las posibilidades de volver a encontrarnos, según el algoritmo, son prácticamente nulas. Y eso es precisamente lo que hace que esta aplicación funcione.

DOS: Pues qué quieres que te diga. Yo creo que, aunque supiera que íbamos a volver a vernos mañana, me hubiera abierto igual que antes. Es más, estoy seguro de que si nos llegáramos a conocer más a fondo, nos abriríamos mucho más de lo que lo hemos hecho hoy.

UNO: Pues yo pienso justamente al contrario. Conocerse es el paso previo para juzgarse. Y si uno piensa que va a ser juzgado, se termina siempre callando cosas. *(Pausa).* Que no nos podamos juzgar es lo que nos ha permitido antes comunicarnos tan libremente *(con una pequeña pausa y en un tono peculiar)* y lo que hace que también, en cierta manera, tú y yo no existamos el uno para el otro.

DOS: ¿Qué quieres decir?

UNO: Que si no puedes juzgarme, es como si no existieras.

DOS: ¿Y por qué no voy a poder juzgarte?

UNO: Porque soy un completo desconocido para ti. Es imposible juzgar a un desconocido. *(Pausa).* Además —piensa—, si quisieras juzgarme, ¿a quién le interesaría lo que tuvieras que decir? Nadie cercano a ti me conoce. Lo que pensaras sobre mí se quedaría en un simple acto interior, una mera reflexión que no llegaría a ningún sitio… El hombre es un animal que juzga, y juzgar es un acto externo. Eso es lo que nos convierte en seres sociales: la necesidad de juzgarnos los unos a los otros. Por eso, si no puedes juzgar ni ser juzgado, es como si no existieras... Una vez salga de aquí tu voz y tu rostro, se confundirán en mi cabeza con las voces y rostros de otros cientos de desconocidos y las palabras que nos hemos dicho terminarán yaciendo en la fosa de las palabras comunes... *(Pensativo)*. Nietzsche dijo que lo que sucede solo una vez es como si no hubiera sucedido nunca. Como no nos veremos nunca más, lo que acaba de suceder en realidad es como si no hubiera sucedido.

DOS: ¿O sea que, según tú, ni yo ni la conversación que estamos manteniendo ahora existen en realidad?

UNO: Eso es.

DOS: *(Triste)*. O sea, que cuando yo salga de aquí, ya no seré nada para ti.

UNO: No, no lo serás. Y eso es maravilloso. Ojalá pudiera ser siempre así. Que nadie fuera nada para nadie. Que nadie le importara a nadie. Ese es el mayor superpoder que uno puede llegar a tener *(con una extraña melancolía)*, pues si nadie te importa, nadie pueda hacerte daño... Qué fantástica sería la vida así, sin lazos que te ataran, sin vínculos que te limitaran y sin pesos que te arrastraran hasta el fondo de la existencia.

DOS: *(Emocionado. Las últimas palabras han revuelto algo en su interior)*. Si no tenemos a nadie, es como si no fuésemos nadie; y sin ese peso que nos hunde hasta el fondo de la existencia seríamos como cadáveres flotando en mitad del mar...

Cuando UNO *va a replicar, el escenario se oscurece repentinamente, alumbrándole solo a él por unos instantes. A los pocos segundos se ilumina la parte derecha del escenario y aparece una habitación de aspecto moderno, decorada con cierto gusto. Es como si la habitación hu-*

biera estado ahí siempre y el esbozo de vagón de tren que aparecía antes fuera irreal. UNO *ha estado siempre en el medio de los dos esbozos. La voz de mujer que habla a continuación tiene un "nosequé" irritante en su deje.*

VOZ: Cariño, no tardes en venir a cenar, que tengo que contarte el último cotilleo de los vecinos.

UNO *suspira profundamente, mira aturdido a su alrededor y dice con la voz llena de amargura y de derrota.*

UNO: Ahora mismo voy, cariño, ahora mismo.

Modalidad de Teatro Breve:
Primer Accésit

Ausencia

de

Ricardo Molina Pérez

Ausencia

PERSONAJES

LUCÍA
CAMARERO

ACTO ÚNICO

Mientras el público entra y se sienta, sobre el escenario: Un bar. En primer término, varias mesas vacías. Tras ellas, la barra. Sentada en uno de los taburetes, apoyada de espaldas al público, una chica joven, LUCÍA. Junto a ella, en el suelo, llamativas bolsas de establecimientos en los que acaba de comprar. Tras el otro extremo de la barra, un CAMARERO se ocupa ociosamente de su trabajo. La puerta de entrada al bar, acristalada, siempre abierta, a la derecha. Cuando el público ha terminado de sentarse y espera ya en silencio...:

LUCÍA. Pero ¿dónde está todo el mundo? ¡Esta soledad me está matando!

El CAMARERO interrumpe un momento su tarea, la mira brevemente y responde solo con un gruñido. LUCÍA se vuelve también brevemente.

LUCÍA. No lo entiendo. Cuando quieres estar sola, la gente se te echa encima, y cuando quieres compañía, desaparece. ¡No soporto esta maldita soledad! ¡A veces creo que me estoy volviendo loca! *(Al CAMARERO)* ¿Crees que estoy loca?
CAMARERO. *(Se encoge de hombros)* ¡Uhm!

Pausa. LUCÍA gira en el taburete y apoya la espalda en la barra. Se pierde en sus pensamientos. De fondo, el golpeteo de la actividad rutinaria del CAMARERO. De pronto, algo llama su atención. Alza la cabeza. Su cara se ilumina con una leve sonrisa, mientras su mi-rada sigue al AUSENTE, *una figura imaginaria que entra por la puerta, camina, deja una bolsa imaginaria en el suelo y se sienta en un taburete próximo. Ella lo mira con curiosidad. De pronto:*

LUCÍA. *(Al* AUSENTE*)* ¿A mí? ¿Es a mí?

El CAMARERO *se detiene y observa extrañado.*

LUCÍA. *(Al* AUSENTE*)* Claro que puedes hablar conmigo, ¿por qué no?

Pausa.

Encantada, Ramón; yo soy Lucía *(estrecha una mano ima-ginaria).* Sí, sí, las bolsas son mías, acabo de hacer unas compras en el centro.

Pausa.

Gracias, muy amable; la verdad es que tú también pare-ces interesante.

El CAMARERO *se acerca muy despacio y busca al interlocutor misterioso. Mira a* LUCÍA, *busca, vuelve a mirarla.*

Sí, es cierto, todos vamos a lo nuestro y los árboles no nos dejan ver el bosque.

Pausa. Ríe de repente.

No, no seas exagerado, no tantos; claro que hay chicos que se fijan en mí, ¡y hasta aparece alguno de vez en cuando que intenta algo! Y tú ¿intentas algo?

El CAMARERO *se sube a la barra para comprobar que no hay nadie al otro lado. Luego, vuelve a su tarea, sin dejar de observarla con curiosidad de vez en cuando.*

¿Eso es todo?

Ríe. Breve pausa.

Bueno, quizá pueda ayudarte, claro, pero no te conozco.

Pausa.

¿Qué te hace pensar que puedo ayudarte, o que quiero ayudarte?

Silencio.

¿Estás seguro de que puedo? Vale, vale, dime.

Escucha.

Ah, necesitas un sitio para dormir. Bueno, quizá pueda hacerte sitio en el pisito que alquilé en el barrio viejo y que todavía no sé si llamar «mi casa». Tiene un saloncito que no es nada cuadrado, nada lógico; todas las paredes forman ángulos raros, y los muebles…; mejor dicho, el armario, la mesa y el sofá, que es todo lo que hay, pues ocupan demasiado espacio porque los ángulos no son rectos, ¿entiendes? En el sofá quizá podrías dormir; lo recogí de la calle, lo encontré en bastante buen estado…

Piensa un momento.

Aunque no es muy largo y las piernas seguramente te quedarán fuera, porque eres bastante alto, Ramón.

Mira al AUSENTE *de arriba abajo.*

Además, mi habitación es más pequeña que el salón; y solo hay una cama doble. No puedo dormir con un extraño en mi cama; lo siento, la cama es para mí.

Escucha.

Me alegro de que lo entiendas.

Pausa.

Otra cosa, el baño es tan estrecho que casi tengo que entrar de lado; y la cocina también es canija, no creas. Entonces, ¿te atreves a dormir en el sofá?

Escucha.

De nada, no tienes que darme las gracias, eres un chico simpático y atractivo, y hay algo en ti que me dice que eres de fiar; no sé, tal vez tus ojos, se ve que hay… hay una especie de… de sensibilidad ahí detrás, sí. Aunque te veo un poco pasado de peso, chico; tienes que cuidar esa línea, ¿eh?

El CAMARERO *coge una escoba y, sin dejar de lanzar miradas de asombro e incomprensión a* LUCÍA, *sale de la barra. Barre la sala en la misma tónica.*

Pero dime, ¿cómo es que no tienes dónde dormir?

Después de escuchar, asombrada.

¿Te han echado de casa? ¿Por qué?

Escucha con mucha atención y asiente.

¿Se ha cansado de ti? ¿Cómo puede cansarse de ti tu padre?

Escucha.

Ah, ya me imagino, todo el día en casa, sin nada que hacer, aburrido y de mal humor, incordiando. Seguramente habrás discutido mucho con él.

Escucha. Sonríe.

No me extraña que se queje, debes tener unos treinta años, chico; en eso le doy la razón.

Escucha.

¿Treintaitrés? ¿Ves?

Asiente.

Y tu madre ¿qué opina?

Escucha.

Que te ganas a pulso lo que te pasa. ¿Lo ves? Eso...

El AUSENTE *interrumpe.*

Ah, te ha advertido miles de veces.

LUCÍA *deja vagar la mirada, piensa.*

Ya, ya... Yo creo que quieren que te busques la vida. Es su manera de ayudarte. Para que vivas por ti mismo, que ya eres mayorcito, ¿no crees?

Escucha.

¿Hoy? ¿Ha sido hoy?

Asiente levemente.

Ya. Me pregunto qué hubieras hecho si no llegas a encontrarme.

Se aproxima a él para escuchar, como si hablara en voz baja.

Claro, podrías dormir en la calle, o en un parque, o en el patio de un edificio; o incluso en un cajero automático, como uno de esos pobres vagabundos.

Asiente y sonríe.

Ya, ya lo sé, a nadie le gusta eso.

LUCÍA *da un trago a la cerveza. Se produce un largo silencio protagonizado por sus miradas y una fugaz sonrisa de ella.*

¿A una mesa? Claro, ¿por qué no? Vamos.

El CAMARERO *deja de barrer y observa.* LUCÍA *coge su cerveza y las bolsas, y las traslada a una mesa. Antes de sentarse, aparta una silla para que el* AUSENTE *se siente, lo que sospechamos que hace por su mirada. Cuando empieza a hablar,* El CAMARERO *vuelve a su tarea; niega con la cabeza.*

Bueno, cuéntame algo. Dime, ¿qué piensas hacer ahora?

Escucha.

Ah, claro, vas a buscar trabajo. ¿No se te ocurrió antes?

Breve pausa.

Caramba, ¿te han echado de todos los trabajos?

Escucha muy atenta.

¡Ah, vale, que tienes un problema en la espalda! Pues tendrás que buscar un trabajo en el que puedas usar la cabeza; o arreglarte esa espalda. ¿Has estudiado algo?

Escucha.

¡No! ¿En serio? Pues vaya, lo tienes difícil; así no sé a dónde vas a llegar, aunque espero que no sea un cajero automático.

Por la bolsa imaginaria del suelo.

¿Esa bolsa es todo lo que tienes?

Brevísima pausa.

Ya. Bueno, no sé, chico; puedo alojarte unos días, pero solo eso, unos días. No vayas a pensar que puedes quedarte a vivir en mi piso como si fueras, yo qué sé, mi chico o algo así.

El CAMARERO *se detiene. Ya no soporta más la situación, por lo que se acerca a ella a grandes pasos:*

CAMARERO. ¡Oiga, señorita!

LUCÍA *levanta la mano y chista con insistencia. El* CAMARERO *se detiene, duda. Ella chista de nuevo, seria, pero enseguida vuelve a disfrutar de la conversación.*

LUCÍA. ¿Yo? En una agencia de viajes, de comercial. Hablo inglés perfectamente, of course, y eso ayuda. Mi madre es inglesa y…

El AUSENTE *la interrumpe y ella escucha.*

Sí, es verdad, consigo precios estupendos, tengo descuentos y todo eso; además, soy la primera en enterarme de las ofertas y las promociones.

Escucha, sonríe.

Claro que está bien, a mí me encanta.

Brevísima pausa.

¿Quieres tomar algo? Supongo que no tienes un duro y lo poco que tienes lo necesitas, así que te invito.

Escucha.

Claro, claro, entiendo que no quieras gastarlo, lo más importante es comer, hasta que encuentres un trabajo del que no te echen, amigo; entonces ya gastarás; y ya sabes, si quieres hacer un viaje, cuenta conmigo, lo contratas en mi agencia.

Escucha.

Sí, claro.

Busca al CAMARERO.

¡Oiga, una cerveza para mi amigo, por favor!

El CAMARERO *deja de barrer. Duda. Se acerca.*

CAMARERO. ¿Está usted segura, señorita?

LUCÍA. Claro que estoy segura. Una cerveza para mi amigo.

El CAMARERO *deja la escoba apoyada y va tras la barra. Pero todavía duda.*

CAMARERO. ¿Una cerveza?
LUCÍA. Eso he dicho, una cerveza.

El CAMARERO *prepara la cerveza. Sale de la barra con ella, se acerca a la mesa, va a servirla, pero se detiene.*

CAMARERO. ¿Dónde?
LUCÍA. *(Señala)* Aquí.

El CAMARERO *deja la cerveza en la mesa, frente a la silla vacía. Le cobra a* LUCÍA. *Regresa tras la barra y, después de guardar las monedas en la caja, se vuelve y la observa.*

Pero ¿dónde se ha metido toda la gente?

El CAMARERO *recorre con una mirada de perplejidad el bar vacío. Sale de la barra, confuso, y se detiene junto a la mesa de* LUCÍA. *Parece que quisiera decirle algo, aunque duda.*

(Al CAMARERO, *un tanto reticente)* Ya está, gracias, puede seguir con su trabajo.

El CAMARERO *se encoge de hombros, toma la escoba y, finalmente, barre.*

Se me ocurre que quizá puedas hacer reparaciones en mi casa, ¿qué te parece? A cambio de mi hospitalidad.

Pausa.

¿Cómo? ¿No sabes si podrás? Bueno, no es tan difícil, hombre.

Tras un segundo:

Ah, claro, tu espalda. ¿Y por qué no pides una de esas ayudas por minusvalía?

Tras un segundo de seriedad, ríe.

No, perdona, es broma. De todas formas, no es complicado, solo necesitas un poco de maña. Un enchufe que no funciona, colgar del techo una lámpara, no sé, cosas así. ¿Crees que podrás?

Escucha.

¿Eres negado para la electricidad? ¿Y para qué sirves? Quiero decir, ¿qué haces bien?

LUCÍA *estalla en carcajadas.* El CAMARERO *se detiene y observa perplejo.*

¡El amor! ¡Eso sí tiene gracia!

Ríe.

No estarás pensando en…, no, ¿verdad? Todo esto no será una farsa, ¿no?

Escucha brevemente.

Ya, claro, es una broma… Pero yo no te conozco, chico.

Ríe un poco todavía. El CAMARERO *vuelve a negar y, enseguida, a barrer.*

La verdad, con esas manos tan enormes no sé qué puedes hacer. Las mías son diminutas en comparación con las tuyas, mira.

Muestra sus manos.

Pero dime, va en serio, ¿qué sabes hacer?

Escucha.

¡No puede ser, tiene que haber algo!

Pausa de extrañeza.

Nada, ¿así?

Pausa.

¡Vamos, algo sabrás hacer!

Espera respuesta.

¿Tienes que pensarlo tanto?

LUCÍA *ríe.*

¿Esperar? ¿Eso es lo que sabes hacer? ¿Esperar?

Pausa.

¡Ah, experto en paciencia!

Ríe.

Pero eso no es hacer algo, no es una destreza o una habilidad. En todo caso, ¿esperar qué?

Breve lapso.

No, no puedes esperar una oportunidad; me parece un poco ridículo, o sea, menos mal que tienes paciencia porque si no ya te habrías vuelto loco. Esperar no es hacer algo en sentido estricto, ¿no crees?

Duda.

No serás uno de esos locos, ¿verdad?

Espera respuesta.

Ya lo supongo. La verdad que no me extraña lo de tu padre. En fin, tú sabrás, chico.

Pausa.

Ahora que te veo, mira, por ejemplo, tú podrías servir de guarda de seguridad, uno de esos gorilas que se pasa el día de pie en las puertas de las discotecas o en los grandes almacenes.

Pequeño respingo.

¡Exacto, guardaespaldas! Aunque si te digo la verdad, no tengo ni idea de cómo alguien llega a ser guardaespaldas; es un trabajo arriesgado según y cómo. Tú pareces un tipo fuerte y tu presencia infunde respeto; si te lo propones, puedes hasta dar miedo; si no fuera por los ojos, podrías ser aterrador; además, tendrías que cortarte esa melena.

Retrocede levemente.

Vale, vale, tranquilo; no he dicho nada, olvida la melena.

Escucha con atención.

Ah, ya. Yo tampoco soporto la violencia; soy muy pacífica. Pero es un trabajo; no creo que puedas elegir.

Largo silencio.

Y digo yo, ¿tu padre no puede darte algo? No sé qué es lo que hace, pero, tal vez podría…

El AUSENTE *la interrumpe.*

Ah, trabaja en la construcción…

Pausa.

Entiendo, para eso necesitas una espalda en condiciones. De todas formas, tendrás un plan, ¿no? No es posible vivir sin un propósito, sin un deseo, sin un sueño; basta con un poco de imaginación y enseguida encuentras algo que te falta, algo que quieres. A mí me pasa.

Escucha.

¡Ningún plan! ¿Es posible? De verdad, chico, me intrigas, no consigo comprenderte. Entonces, si no tienes ningún objetivo en la vida, ¿qué es lo que esperas?

Silencio largo.

¿Por qué callas?

Silencio.

Es natural que eso te haga pensar; pero es verdad, piénsalo bien y verás cómo tú mismo te haces preguntas, excepto en caso de que seas un ser de otra galaxia, cosa que empiezo a sospechar.

Escucha.

Esperar el destino, eso sabes hacer…

Pausa.

Bueno, suena bien, pero no estoy segura de que sea sensato; sería como esperar a que te den de comer para no morirte de hambre, o a que te parta un rayo.

Escucha.

¿Esperar el amor?

Ríe.

Lo mismo da, sí; es lo mismo.

Piensa unos momentos.

No, amigo; creo que te equivocas. Cada día estoy más convencida de que el amor solo llega cuando no lo esperas, que no llega él a ti, sino tú a él; según lo que dices...

El AUSENTE *vuelve a interrumpirla y ella escucha.*

Bien, de acuerdo; esa es tu forma de ver las cosas, vale.

Pausa de desconcierto. LUCÍA *se vuelve al* CAMARERO:

Oiga, no necesitan a un camarero aquí, ¿verdad?

El CAMARERO *se detiene y la observa sin soltar la escoba. Embargado por la perplejidad, no responde. Con un gesto de desprecio de su mano:*

Da igual, déjelo.

LUCÍA *se vuelve al* AUSENTE.

Se me ocurre que… ¿cómo es que no tienes novia?

Breve lapso.

Sí, ya sé que soy muy preguntona; disculpa, pero si vas a quedarte unos días en mi casa tengo que saber quién eres; además, soy curiosa, es verdad.

Pausa.

Entonces, ¿cómo es que no tienes una novia que te ayude?

Respinga.

¿En serio? ¿También se cansó de ti?

Tras un gesto de desesperación:

Todo el mundo se cansa de ti. Mal vamos, chico; no sé cómo vas a salir adelante. Bueno, al menos tienes paciencia.

De pronto, cae en la cuenta:

¿Y amigos, tienes amigos?

Escucha.

Ah, ya; has estado metido en casa mucho tiempo. Entiendo.

Escucha.

Ah, y te ha faltado el dinero, por supuesto.

Como quien conoce esa historia:

Sí, ya sé; tuviste paciencia para esperar a que sucediera lo que tenía que suceder y sucedió, por supuesto, y ahora quieres empezar de nuevo, olvidar el pasado y esperar a que sucedan otras cosas, ¿no?

Muy extrañada:

Pero ¿de verdad no hay, no sé, un instrumento que puedas tocar: la flauta, la guitarra...? En la calle hay tipos que se ganan la vida con eso; lo veo todos los días.

Breve pausa.

O, si acaso, ¿no puedes hacer algo con las manos, algún tipo de artesanía? También hay de esos en la calle.

Casi enfadada:

Tiene que haber algo, Ramón; no me tomes el pelo.

Tras una pausa, casi grita:

¡Oh, por Dios!

LUCÍA *apoya los codos en la mesa y, abatida, baja la cabeza. El* CAMARERO *se detiene de nuevo. La observa casi con piedad. Hay un largo silencio.*

CAMARERO. Señorita…

LUCÍA *se vuelve muy desanimada.*

¿Puedo ayudarla?

LUCÍA, *que piensa en el* AUSENTE, *se vuelve a él bruscamente, contrariada.*

LUCÍA. Mira, se está haciendo tarde. ¿Te digo la verdad?

Breve pausa.

No estoy segura; no sé si meterte en mi casa. Estoy en un momento muy maternal, pero ahora mismo me arrepiento.

Pausa.

Perdona, no pongas esa cara; no soy tu madre y menos tu padre, y, desde luego, no soy tu novia. Lo siento, pero tengo que irme. Deja que lo piense un poco; mañana, si nos vemos, tal vez cambie de opinión.

LUCÍA *piensa un momento. El* CAMARERO *no le quita ojo.*

Te diré lo que podemos hacer: tú pásate por aquí mañana; vienes a la misma hora, más o menos, y seguimos con nuestra charla. Deja que decida mañana. ¿Lo comprendes?

Espera respuesta.

Me alegro, Ramón; así me quedo más tranquila. Te invitaré a otra cerveza, ¿ok?

LUCÍA *se levanta de la silla, coge sus bolsas.*

No, no te preocupes. Puedo cargar con ellas; las he paseado por todo el centro.

Se vuelve al AUSENTE.

Bien, bueno; encantada.

Pausa.

¿No dices nada?

Pausa.

Bueno chico, sigue adelante y no desesperes, y utiliza la cabeza. Te deseo toda la suerte del mundo. Hasta luego.

El CAMARERO, *apoyado en el palo de la escoba, sigue a* LUCÍA *con la mirada, sin saber muy bien qué pensar. Pero ella se detiene ante la puerta y se vuelve un instante. Agita una mano, al* AUSENTE:

¡Hasta luego!

LUCÍA *sale. Entonces*, El CAMARERO *se acerca a la mesa y observa las sillas vacías. Se encoge de hombros, toma la cerveza intacta y bebe un largo trago. Después deja la copa en la barra y continúa con la tarea de barrer.*

NEGRO

Modalidad de Teatro Breve:
Segundo Accésit

Vetusto

de

José Peñalver

Vetusto

PERSONAJES

TOMÁS VETUSTO
(escritor retirado que vive en una casa alejada del mundo)
CÁNDIDO VIVAZ
(escritor joven promesa del género thriller)
BERTA
(madre de Cándido, quiere ser famosa a costa de la fama de su hijo)
INMACULADA
(vecina de Vetusto)

Presentador de televisión y Fotógrafos

ACTO I

(Se abre el telón. El escenario está divido en dos; en la parte izquierda se encuentra CÁNDIDO *viendo un programa en su ordenador. Su habitación está decorada con recortes de revistas con imágenes de célebres escritores y actores. En la parte derecha se encuentra* VETUSTO *sentado en un sillón de cuero viendo la televisión en paralelo. La estancia está decorada con cabezas de animales disecados e iconografía religiosa, como una gran cruz que preside el salón. Ambos escuchan las mismas noticias sobre la nueva promesa de la escritura: Cándido Vivaz).*

VETUSTO *(escupiendo a la televisión)*: Ahora solo buscan una cara bonita que se venda como un producto, ya no importa el talento ni la calidad de escritura. Solo enganchar lo suficiente para que se distraigan con el físico e ignoren las carencias de calidad.

PRESENTADOR *(se oye de fondo)*: El joven escritor ya ha recibido aclamadas críticas por sus novelas; se dice que es un prodigio de la escritura y su estilo ya está siendo comparado con otros grandes como lo fue Tomás Vetusto.

VETUSTO: ¡Lávate la boca antes de mencionarme! Periodistas de pacotilla. Ya no hay escritores como los de mi época; y si los hay, es porque se han vendido completamente. Cuando dejé de callarme las cosas y de aceptar entrevistas, se encargaron de hundir mi carrera.

PRESENTADOR: Y ahora vamos a realizar una pequeña entrevista vía videollamada con la promesa del thriller *(hay un silencio.* CÁNDIDO *se prepara para entrar en panta-*

lla). Aquí tenemos al gran protagonista de hoy: Cándido Vivaz. ¡Bienvenido!

CÁNDIDO: Buenas noches. Encantado de estar en este programa con vosotros.

PRESENTADOR: El placer es nuestro. Dinos, Cándido, ¿cómo se siente ser tan joven y estar teniendo tanto éxito?

CÁNDIDO: Es difícil de gestionar a veces, la verdad. Sobre todo porque llegó un poco de la noche a la mañana. Pero se siente bien, la verdad; se siente correcto obtener reconocimiento por algo donde pones tanto empeño y que amas hacer.

PRESENTADOR: En tus redes has estado concienciando últimamente sobre la aceptación de la frustración y el fracaso. ¿Cómo llevaste tú esos primeros pasos en este mundillo?

CÁNDIDO: Pues el inicio no fue sencillo. Tenía una ilusión muy fuerte y ver que no tenía apenas lectores fue algo que me desanimó profundamente; pero claro, es como empieza la mayoría. Ahora que al fin tengo ese reconocimiento quiero tratar de concienciar a mis seguidores que también busquen ser escritores para que no les suceda lo mismo.

PRESENTADOR: Desde luego, estás siendo un referente para muchos. ¿Podrías decirnos quiénes han sido los tuyos?

CÁNDIDO: Pues la verdad, mencionaría a los remencionados por los escritores de suspense y thriller, pero siento que ya es una obviedad reconocer que los grandes escritores de este género nos han influenciado directa o indirectamente a todos. Yo quiero hacer una mención especial a con quien me has comparado: Tomás Vetusto. Él ha sido mi gran héroe desde que comencé a leer; gracias a él conseguí sobrellevar momentos bastante malos de mi adolescencia al poder desconectar viajando a sus mundos tan intrigantes o sintiéndome identificado con alguno de sus personajes.

(VETUSTO *se rasca la barbilla, pensativo, mientras mira el programa, expectante*).

PRESENTADOR: Gran escritor Tomás Vetusto, ahora que ya no es relevante en el panorama y apenas escribe. ¿Te consideras como una nueva versión de él? ¿Crees poder continuar su legado?

CÁNDIDO: Bueno, aunque haya influido mucho en mí, tenemos formas de escribir distintas, por supuesto. Sería un honor para mí tener una carrera tan buena como la suya, pero no creo que pueda igualar su legado. Para mí el momento en el que anunció su retirada fue algo bastante duro.

PRESENTADOR: Comprensible, seguro que para muchos fue igual.

(VETUSTO *apaga el televisor con la mirada perdida. En ese momento se ve cómo* CÁNDIDO *sigue hablando al ordenador, pero no se oye nada.* VETUSTO *se levanta de su sofá, abre un armario y se sirve una copa antes de sentarse en su escritorio, donde hay una máquina de escribir, a la que mira desafiante antes de empezar a teclear*).

(*Se apagan las luces y se ilumina solo la mitad izquierda. Allí se encuentra la madre de* CÁNDIDO *dejándole ropa limpia en la cama. Se oye a lo lejos una puerta abriéndose*).

CÁNDIDO *(entrando a la habitación)*: Te he dejado la compra en la mesa de la cocina.

BERTA: Vale, ahora voy. ¿Has mirado si había cartas en el buzón?

CÁNDIDO: Sí, un par.

> *(CÁNDIDO le da las cartas y se tumba en la cama mientras su madre las revisa).*

BERTA: Qué raro, una es para ti. No pone de quién es. ¿No le habrás dado tu dirección a algún fan? ¿No?

CÁNDIDO: Qué va, sabes que soy muy precavido con esas cosas. Déjame verla.

> *(Su madre le acerca la carta y la abre curioso).*

BERTA: ¿Y bien?

CÁNDIDO *(conteniendo el éxtasis)*: No me lo creo ¡Es de Tomás Vetusto!

BERTA: ¿Estás seguro?

CÁNDIDO: No creo que nadie vaya a pretender pasarse por él. Además, es su firma.

BERTA: Bueno. ¿Y qué dice?

CÁNDIDO *(leyendo)*: «Enhorabuena por tu éxito, Cándido. Te vi en la televisión y me impresionaste, creo que tienes mucho potencial y me encantaría poder ayudarte a mejorarlo».

BERTA: Esto es genial, cariño.

CÁNDIDO *(prosigue leyendo)*: «Podrías venir unos días a mi casa. Aquí te dejo el número de mi teléfono fijo para que me llames si estás interesado, y te facilitaré la dirección. Pero no le comentes a nadie de esto, ni mucho menos de la dirección; no me gustaría que la prensa supiera de mi vida o mi casa».

BERTA: Tienes que aceptar. Esta es una gran oportunidad para ti. Aunque qué rabia que quiera ser tan discreto; si le pudiéramos contar algo así a la prensa o incluso sacaros un reportaje, sería una propaganda genial.

CÁNDIDO: Vetusto ya nunca se muestra en televisión ni en la prensa. No creo que le haga ninguna ilusión eso, así que voy a respetarlo. Espero que no le cuentes nada a nadie.

BERTA: Por supuesto que no.

CÁNDIDO: Ni a papá, ni a mi hermana, ni a tus amigas. A nadie.

BERTA: Lo sé. Mantendré la boca cerrada, pero llámalo.

(CÁNDIDO, *emocionado, coge su teléfono y escribe el número apuntado en la carta para llamarle*).

(*Se apaga la luz y, al encenderse, la mitad izquierda ha cambiado. Ahora es una habitación rural de invitados vecina al salón de* VETUSTO, *el cual está leyendo un periódico en su sillón hasta que alguien llama a su puerta.* VETUSTO *se levanta para salir por el lado derecho y entonces se escucha cómo quita al menos seis pestillos para dejar entrar a* CÁNDIDO, *quien duda entre cómo saludarlo, eligiendo finalmente un cordial apretón de manos*).

CÁNDIDO: Encantado de conocerle en persona. Es un honor para mí el que me haya invitado a su casa, señor Vetusto.

VETUSTO: El placer es mío; y no hace falta que me llames señor, aunque sí prefiero Vetusto a Tomás. Adelante, coge asiento *(dice señalando la mesa que preside el salón, donde hay platos, vasos y cubiertos para dos).* He preparado la cena para cuando llegaras. Te has retrasado nueve minutos con tres segundos, pero no creo que se haya enfriado demasiado.

CÁNDIDO: Lo siento, es que es difícil encontrar la casa.

(CÁNDIDO se acerca a la mesa con cara de desagrado, que VETUSTO *no tarda en notar).*

VETUSTO: ¿Qué pasa? ¿No te gusta el conejo? Lo he cazado yo mismo; hay muchos por esta zona de huerta. No me gusta los que venden en el supermercado, no me fío. Ya sabes...

CÁNDIDO: Es que soy vegetariano *(una mueca de desprecio se forma en la cara de* VETUSTO*)*, pero no se preocupe; puedo comerme el acompañamiento y la ensalada. No quiero molestarle ahora con cocinar nada más. Debí haberle avisado.

VETUSTO: Sin ánimo de ofender, esa moda tonta de no comer carne me parece una idiotez. De toda la vida el humano ha cazado para comer.

CÁNDIDO: Ya, bueno; pero los tiempos cambian y la gente evoluciona. No tiene que preocuparse. Me he traído en la maleta comida para que no haya problemas con ello; puedo cocinar para ambos estos días y ahorrarle ese esfuerzo de realizar dos comidas.

VETUSTO: ¿No me considerarás uno de esos viejos que necesitan cuidadora? Nunca ha entrado una trabajadora aquí; todo lo hago yo y estoy como un roble. La vida en el campo enriquece al hombre.

CÁNDIDO: ¿Es por eso que se retiró de la ciudad y la vida pública?

VETUSTO: Desde luego. La ciudad me estaba consumiendo; necesitaba alejarme de todos esos ruidos y contaminación para reconectar conmigo mismo. Desde que vivo en esta casita y me acerqué a Dios me siento mejor que nunca.

CÁNDIDO: Me alegro, cada etapa se puede vivir de un modo totalmente distinto y es respetable. Es parte del encanto de la vida.

VETUSTO: Y que lo digas. Estuve leyendo sobre ti y estoy impresionado por tu bagaje cultural, tu sabiduría y el respeto que tienes hacia los autores pues... anticuados, como yo, digámoslo así. Muchos de los periodistas que de vez en cuando me tildan de viejo o acabado son hijos de otros periodistas que me llegaron a alabar en prensa y entrevistas. Es irónico. ¿No lo crees?

CÁNDIDO: Desde luego. Pero así funciona la televisión. A veces odio las entrevistas porque algunas son tan superficiales y banales que me siento juzgado constantemente cuando doy una respuesta que no es la que quieren oír.

VETUSTO: A mí también me pasó en mi época, aunque entonces era un iluso. No lo veía con la misma perspectiva que ahora. Creí que convertirme en un circo mediático era lo que necesitaba para ser catapultado a la fama.

CÁNDIDO: En cierto modo te ayudó bastante a conseguirlo. La gente disfrutaba viéndote.

VETUSTO: Disfrutaban, exacto. Pero cuando a uno se le acaban los trucos, ya nadie quiere seguir viendo la función y entonces aparece un payaso nuevo con otras técnicas que te sobrepasan.

CÁNDIDO: Bueno, pero tu legado nadie ha logrado opacarlo. Nadie ha estado escribiendo a tu nivel durante todos estos años.

VETUSTO *(cogiendo el cuchillo)*: Hasta que has llegado tú *(procede a cortar la comida para mascar la tensión)*. Pero no creas que estoy molesto o algo así. Te he invitado porque creo en tu potencial y quiero ayudarte a tener una mejor experiencia que la que yo tuve.

CÁNDIDO: Te lo agradezco mucho. Estos dos años, de tener que hacerlo todo yo e ir aprendiendo a cada paso, han sido agotadores. Sé que es lo que hay que hacer; pero con tus consejos seguro que voy a poder afrontar los retos mucho mejor.

VETUSTO: Espero que así sea. Brindemos por ello *(levanta la copa y espera a que* CÁNDIDO *le imite para brindar)*. Y dime, ¿estás trabajando en nuevas novelas?

CÁNDIDO: Sí; la verdad es que mi madre me regaña un poco porque dice que tengo adicción al trabajo. Hace unos meses saqué una novela y ya estoy superinmerso en la siguiente. Ella dice que tengo que parar un poco y dedicarme a promocionarlas, a ir a galas, a venderlas. Pero no sé; no me gusta estar mucho tiempo sin escribir.

VETUSTO: Recuerdo eso. La sensación de escribir se vuelve adictiva cuando te inmersas demasiado en tus proyectos.

CÁNDIDO: ¿Y cómo vives ahora sin ella? ¿Cómo te resistes a no seguir escribiendo?

VETUSTO: Ya no soy lo que era antes.

CÁNDIDO: Pero podrías volver a serlo.

VETUSTO: Dios me salve. Yo estoy a gusto como estoy.

CÁNDIDO: Bueno, si eres feliz, es lo que importa.

(Sigue un silencio mientras terminan de comer. Entonces VETUSTO *se levanta y recoge la mesa).*

CÁNDIDO: Déjame ayudarte.

VETUSTO: No te molestes, eres el invitado.

CÁNDIDO: Qué menos que llevar a la cocina mi plato. No vas a estar sirviéndome estos días, bastante es que me dejes quedarme en este lugar y me vayas a enseñar tu sabiduría. Esto es lo mínimo que puedo hacer.

> (VETUSTO *asiente dejándole recoger su parte. Ambos atraviesan la puerta central y salen del escenario por la izquierda. Vuelven a los segundos quedándose en la habitación).*

VETUSTO: Trae tu maleta. Esta es la habitación de invitados. La mía está al lado de la cocina.

CÁNDIDO: Es muy acogedora. Me recuerda un poco a la mía. A mis padres les encanta la decoración rústica.

VETUSTO: Me alegro, así te sientes como en casa. Yo cuando tenía que irme de gira de firmas, me era complicado dormir en habitaciones de hotel; extrañaba la mía.

CÁNDIDO: A mí a veces también me cuesta, pero como aprovecho para hacer turismo durante el día, acabo tan cansado que no tardo en dormirme.

VETUSTO: Pues espero que hoy también te duermas rápido. Yo suelo levantarme bastante temprano y ya es un poco tarde.

CÁNDIDO: Sí, tienes razón.

> (*Hay un silencio incómodo por la falta de confianza para despedirse*).

VETUSTO: Si necesitas algo, ya sabes dónde está mi cuarto.

CÁNDIDO: De acuerdo, gracias de nuevo. Es un verdadero placer.

VETUSTO: El placer es mío.

(Se sonríen y se apaga la luz. Amanece otro día. De nuevo están en la mesa, esta vez comiendo).

CÁNDIDO: No quise preguntar ayer cuando mencionaste lo de acercarte a Dios, pero eres muy católico, ¿verdad?

VETUSTO: Pues sí. Cuando creces, te das cuenta de cosas, ves la vida desde otra perspectiva y bueno... Da igual cuanto peques durante tu juventud, siempre y cuando en la vejez aprendas y te arrepientas.

CÁNDIDO: ¿Tanto pecaste de joven?

VETUSTO: Bueno, salía mucho de fiesta. Me dejé llevar por la fama, los excesos y los romances.

CÁNDIDO: Pero eso es normal de la juventud.

VETUSTO: Las cosas solo se vuelven normales cuando la gente las hace costumbre; pero eso no significa que sean lo correcto. Ya lo entenderás cuando crezcas.

CÁNDIDO: Supongo *(mira de reojo hacia la imponente estatua de Jesucristo crucificado).*

VETUSTO: No me dirás que también eres ateo.

CÁNDIDO: A ver... Sí, pero no me molesta ni mucho menos. Respeto las creencias del resto.

VETUSTO *(negando con la cabeza)*: Tienes suerte de que vaya a ayudarte. Es muy fácil dejarse llevar por la corriente de las modas, pero con un pensamiento claro y formado uno tendrá siempre unos ideales racionales.

CÁNDIDO: Entiendo.

VETUSTO: Anda, vamos fuera a pasear. Me gusta andar después de comer para bajar la comida.

CÁNDIDO: Buena idea, sí.

(Ambos se levantan. VETUSTO *coge un bastón y un sombrero;* CÁNDIDO, *un gorro de pescador, sus gafas de sol y su móvil).*

VETUSTO: ¿Por qué llevas el teléfono?
CÁNDIDO: Aunque no haya cobertura, puedo hacer fotos del paisaje.
VETUSTO: Los ojos deben ser el objetivo; y tu memoria, la galería. No hay mejor foto que la de un recuerdo.

*(*CÁNDIDO *asintió mientras dejaba el teléfono. Ambos salen por el lado derecho. Pasan unos segundos, en un reloj de pared se ve cómo la aguja pasa de las 15 a las 20. La puerta se abre y entran por la derecha).*

CÁNDIDO: Sí que tienes buenas vistas alrededor de tu casa.
VETUSTO: Desde luego. No paré hasta encontrar la mejor finca a la que mudarme. Me encanta pasear tranquilamente por la zona.

(Dejan las cosas y se sientan en el sofá).

CÁNDIDO: Me alegro mucho de que me hayas invitado aquí. Ya fuera del hecho de que eres una gran inspiración para mí, la verdad, cuando llega el verano, me siento muy solo y melancólico. Tiendo a encerrarme en casa y no salir.
VETUSTO: ¿Cómo te puedes sentir tan solo? Tienes miles de seguidores. Hoy en día es muy fácil estar en contacto con ellos.
CÁNDIDO: Lo sé; y cuando estoy mal, suelo leer mensajes bonitos para sentirme mejor; pero se siente tan irreal.

Siento que no los merezco y como no son palabras directas a veces me cuesta asimilar que son de verdad.

VETUSTO: Pues tienes que creerlos. Mucha gente te admira; no por nada estás en la posición en la que estás.

CÁNDIDO: Lo sé, y me siento mal al no saber valorarlo como debería.

VETUSTO: Es natural. El vacío muchas veces es difícil de llenar.

CÁNDIDO: Sí; *(poniéndose de pie)* bueno, voy a irme a dormir. Estoy aún lleno por toda la comida y cansado por el paseo.

VETUSTO: Bien. ¿Puedo coger tu ordenador un momento? No tengo y me gustaría buscar una cosa.

CÁNDIDO: Claro, cógelo.

(Ambos van a la habitación. VETUSTO coge el ordenador y sale cerrando la puerta. CÁNDIDO se acuesta en la cama y da varias vueltas en vano buscando una postura cómoda. Finalmente coge su móvil, pero recuerda que no tiene cobertura. Se levanta con el móvil en alto buscando cobertura; se sube a la cama, baja; va de un lado a otro; nada. Mientras tanto, en el salón, VETUSTO está con el ordenador).

CÁNDIDO *(al aire)*: ¿Para qué quieres el ordenador si no hay cobertura?

(Confuso, se dirige al salón).

CÁNDIDO: ¿Tienes cobertura aquí, Vetusto?

(VETUSTO cierra el ordenador repentinamente con cara de sorprendido).

CÁNDIDO: ¿Qué estabas haciendo?

VETUSTO: No hay cobertura en esta casa. Solo se puede usar el teléfono fijo.

CÁNDIDO: Entonces supongo que no necesitarás el ordenador para buscar nada *(lo coge repentinamente de la mesa y lo pone bajo su brazo antes de volver a la habitación. Allí lo abre denotando decepción en su rostro)*. Así que para esto me has invitado *(volviendo al salón)*; querías cotillear los archivos sobre mis novelas. ¿Qué pretendes? ¿Robarme las ideas?

VETUSTO *(iracundo)*: Yo no necesito robarle las ideas a nadie. ¡Mocoso engreído! ¡Que no se te suba la fama a la cabeza!

CÁNDIDO: Pues yo creo que sí lo necesitas. Parecía demasiado bueno para ser verdad. ¿Por qué me ibas a invitar aquí sin más? Siempre has sido conocido por ser una persona vanidosa y altiva.

VETUSTO: Anda, que hablarme así después de haberte invitado. Te crees muy especial, pero no vas a durar mucho más que yo ¡Deberías estarme agradecido! Sin mi tú no serías nadie.

CÁNDIDO: Voy a llamar a mi madre para que venga a recogerme. Lo siento, pero no voy a consentir esto; si de verdad quieres darme consejos, envíame una carta con ellos.

VETUSTO *(poniéndose delante del teléfono)*: No puedo dejar que la llames. Ya te dije que no quiero que nadie sepa mi dirección.

CÁNDIDO: Señor, haga el favor de moverse. No quiero que las cosas empeoren. Ella ya sabe que estoy aquí.

VETUSTO: ¡Me has desobedecido! Solo te lo voy a pasar si te vas a dormir y olvidas esta discusión.

CÁNDIDO: No me vas a tener encerrado aquí, incomunica-
do. Déjame coger ese teléfono. Venir ha sido un error.
VETUSTO: Vete a dormir, Cándido.

> *(CÁNDIDO intenta apartarlo para coger el teléfono,
> pero VETUSTO, con sus robustos brazos, lo empuja,
> provocando que se tropiece con la mesa y se dé contra
> uno de los picos de esta. Cae inconsciente al suelo).*

VETUSTO: ¡Dios mío, perdóname! *(Se arrodilla ante la escul-
tura del Cristo que preside la pared. Se levanta para sacarse la
correa del pantalón y quitarse la camisa, mostrando una espalda
llena de llagas. Mientras se arrodilla nuevamente, el telón se cierra y, al hacerlo, se escucha la flagelación antes de que se apaguen
las luces).*

> *(Fin del primer acto).*

ACTO II

(Se abre el telón y ya es de día. En la mitad derecha se encuentra VETUSTO *tomándose un café mientras mira al vacío; en la mitad izquierda* CÁNDIDO *se despierta en la cama, donde está completamente atado).*

CÁNDIDO *(agitado)*: ¿Qué está pasando? ¡Ayuda!

*(*VETUSTO *mira a la puerta de la habitación y se levanta para abrirla, pero frena antes, indeciso sobre qué hacer. Entonces abre).*

VETUSTO *(confuso)*: ¿Qué haces atado?

CÁNDIDO: ¿Cómo que qué hago atado? Eso me pregunto yo. Por favor, suéltame.

VETUSTO: Yo… No recuerdo haberlo hecho. ¿Dirás que lo hice si te suelto?

CÁNDIDO: No diré nada de esto. Como habíamos pactado, nadie sabe que estoy aquí.

VETUSTO: Mientes, me dijiste que tu madre sabía que estabas aquí.

CÁNDIDO: Vale, pero ella es la única.

VETUSTO: ¿Cómo puedo fiarme de tu palabra?

CÁNDIDO: Te lo juro, por lo que más quieras.

VETUSTO: En estas situaciones las víctimas siempre prometen estarse callados, pero tú y yo sabemos que eso nunca sucede. Vas a vender esto a alguna revista para ganar más fama a mi costa. Te tengo calado.

CÁNDIDO *(lacrimoso)*: Esto no es una maldita novela, Vetusto. Para lo que tengas planeado antes de que sea demasiado tarde.

VETUSTO: Me hablas como si estuviera perdiendo la cabeza. Ya te dije que estoy perfectamente bien. ¡Cómo os gusta a los jóvenes dar por hecho que los viejos nos volvemos locos!

CÁNDIDO: Yo nunca he pensado eso de ti. Vine aquí con la esperanza y la ilusión de aprender de mi ídolo, pero me ha golpeado y atado a la cama. ¿Qué puedo hacer más que temerte?

VETUSTO: No puedo soltarte entonces. Necesito estar seguro de que voy a salir ileso de esta situación antes de cometer cualquier otro error. Nunca debí haberte invitado, pero me pudo el despecho. Solo quería demostrarme a mí mismo que eras el mocoso suertudo que yo pensaba.

CÁNDIDO: ¿Suertudo? A mí no me han regalado nada.

VETUSTO: Por Dios, si eres un mero producto de las nuevas generaciones consumistas. Simplemente eres guapo y sabes reciclar ideas que ya han triunfado. Te has sabido vender a la prensa y eso es lo que te ha llevado adonde estás; no tienes ni idea de lo que es ser respetado realmente por el buen trabajo.

CÁNDIDO *(se ríe)*: Bueno, parece que la demencia sí ha hecho efecto en ti. Hablas como si en tu juventud no hubieras pisado cada plató de la televisión para promocionar tus novelas con tu carisma y atractivo. Lo que parece es que estás celoso porque ya nadie te quiere ver.

VETUSTO *(coge un cenicero para lanzarlo contra el suelo, rompiéndolo)*: ¡Niñato ignorante! Espero que disfrutes de estar atado. Solo rezar te salvará.

(VETUSTO sale de la habitación cerrando la puerta de un portazo. Se sienta en el sofá. Un temblor en su pierna se hace presente).

VETUSTO: Nadie va a querer verme... ¡Todos desearían que volviera! Fui muy cotizado y volvería a serlo si quisiera *(hace una breve pausa, pensativo)*. Si quisiera.

> *(Se levanta y da varias vueltas por el salón, indeciso. Se escuchan unos pasos en la lejanía. Mira a la puerta, alarmado, y entra de nuevo a la habitación).*

VETUSTO: Más te vale mantenerte callado.

> *(Coge un pañuelo para taparle la boca y vuelve al salón, donde enchufa una radio de la cual comienza a sonar una misa).*

VETUSTO *(rodando los ojos)*: «No frecuente tu pie la casa de tu vecino, no sea que él se hastíe de ti y te aborrezca». Proverbios 25:17.

> *(Se sienta en el sofá y a los segundos se escuchan golpes en la puerta. Sale del escenario, quita los pestillos y entra la dueña de la casa más próxima. Una mujer mayor, de aspecto desaliñado).*

VETUSTO: Anda, Inmaculada. ¿Qué te trae por aquí?
INMACULADA *(extrañada)*: Pues lo que suele traerme siempre. Las gallinas ya han puesto los huevos; te traigo algunos a cambio del conejo que pactamos.
VETUSTO: Sí, sí. Tengo buena memoria.
INMACULADA: Pues si puedes traérmelo...
VETUSTO: Claro, espera aquí.

> *(VETUSTO entra en la habitación abriendo y cerrando la puerta lo menos posible. CÁNDIDO le mira*

con los ojos muy abiertos y este le hace un gesto para que
continúe callado; pero en cuanto sale por el lado izquier-
do, CÁNDIDO *se retuerce en las cuerdas tratando de*
escapar y gritar. VETUSTO *aparece inmediatamente*
con un túper y una pata de conejo, que coloca en la boca
de CÁNDIDO *maliciosamente antes de volver a colo-*
car el pañuelo).

VETUSTO *(murmurando)*: No me cabrees, desgraciado. No
has visto lo peor de mí.

*(*INMACULADA *se acerca a la habitación poco a*
poco, confusa, y cuando va a entrar, sale VETUSTO
cerrando rápidamente con una sonrisa incómoda).

INMACULADA: ¿Te pillo en mal momento? Te noto apre-
surado.
VETUSTO: Para nada. Solo estaba escuchando una misa.

*(*INMACULADA *asiente mientras coge el túper).*

VETUSTO: ¿Cómo está tu marido? Hace tanto que no viene
con el grupo de caza.
INMACULADA: Más aburrido y por ende más cascarrabias.
Sigue recuperándose de la lesión de la rodilla, pero no
creo que tarde mucho en volver a ir a cazar. ¿Y tú qué
tal? El otro día te nombraron en la tele. Un joven escritor decía que eres su mayor referente.
VETUSTO: ¿Ah, sí? Debí de perderme el programa.
INMACULADA: Estuvo bien; debe darte gusto ser tan querido en el ámbito de la escritura. ¿Nunca te dan ganas
de volver?

VETUSTO: Nunca. Estoy la mar de a gusto aquí.

INMACULADA: Si es por falta de inspiración, yo tengo muchas anécdotas misteriosas. ¿Sabías que vi a un fantasma una vez?

VETUSTO: Agradezco tu oferta, pero esa fase quedó atrás.

INMACULADA: Bueno, ya sabes dónde vivo si quieres alguna anécdota.

> (VETUSTO *asiente mientras la acompaña a la puerta. Al despedirse y cerrar la puerta, se apoya en esta, aliviado).*

VETUSTO: Por poco.

> *(Apaga la radio y entra a la habitación para quitarle el pañuelo y la pata de conejo de la boca).*

VETUSTO: Insensato, llega a escucharte y te habría dado una buena.

> (CÁNDIDO *mira a otro lado, sin responderle).*

VETUSTO: Tienes razón. ¿Sabes por qué ya no escribo? ¿Sabes por qué estoy jubilado? ¡Porque nadie quiere comprar mis novelas! Uno tiene que parar el coche antes de caer al vacío; sabía que o me retiraba o dañaría mi reputación con inminentes fracasos.

CÁNDIDO: Pero eres buen escritor; eso nadie te lo puede quitar. Quizás podrías buscar otro género si ya no conectas con los adolescentes como antes.

VETUSTO: Yo ya no puedo escribir ni inventar historias. Cada vez que me siento en la máquina de escribir llegan esas voces que me dicen que nunca podré hacer lo que hacía antes, que bloquean a las musas para que ya nunca puedan llegar a mí.

CÁNDIDO: Todo es ponerse. ¿Nunca te ha vuelto a picar el gusanillo?

VETUSTO: No *(duda unos segundos)*. Para qué mentir: claro que sí. Pero soy incapaz.

CÁNDIDO: ¿Y si hacemos un trato? Yo no diré nada si escribimos una novela juntos. En esta situación sabes que no trataría de hundirte porque tendríamos este vínculo común y podría ayudarte a volver a la escritura.

VETUSTO: No puedo aceptarlo. Nunca he escrito una novela con nadie y no lo haré. ¿Por qué tienes ese fanatismo por mí?

CÁNDIDO: No eres consciente de cómo has influenciado a tus lectores.

VETUSTO: Lo cierto es que es difícil saberlo. Antes al menos intentaba hacerme consciente. Igual que tú miras los mensajes de tus lectores, yo también solía leer sus cartas para motivarme. Pero con el tiempo dejaron de llegar y los pocos que enviaban eran fanáticos locos.

CÁNDIDO: Yo podría demostrarte cuánto te sigue valorando la gente. *(Desesperado)*. Acepta mi propuesta, suéltame y saquemos lo mejor para ambos.

VETUSTO *(asiente con la cabeza mientras se dirige a un cajón de una cómoda, el cual abre para sacar un rosario que le lanza a CÁNDIDO)*: Reza y reza; necesitas purificarte, Cándido. Veo en tus ojos esa hambre de poder que yo tuve en su día y que bien sé que solo trae podredumbre. Querías que te enseñara a mejorar, pues yo mejoré como persona cuando me purifiqué, cuando me entregué completamente a Dios.

(VETUSTO sale de la habitación y se coloca delante de la figura de Jesucristo. Se apaga la luz y, al encenderse, ya es otro día. En la mitad derecha se encuentra VETUSTO tomándose un café mientras mira al vacío; en la mitad izquierda CÁNDIDO sigue durmiendo).

(Al terminarse el café, VETUSTO lo deja en la mesa y se levanta, pero un temblor azota sus piernas. Comienza a balancearse de izquierda a derecha mientras las luces parpadean; pierde el equilibrio y cae rotundamente al suelo. La luz se apaga totalmente).

(Se cierra el telón. Fin del segundo acto).

ACTO III

(Se abre el telón. En la mitad derecha se encuentra CÁN-DIDO leyendo un libro y en la mitad izquierda VE-TUSTO se despierta en la cama, donde está completa-mente atado).

VETUSTO *(hiperventilando)*: ¿Qué demonios? ¡Cándido!

CÁNDIDO *(se levanta y entra a la habitación)*: Tranquilo, tranquilo. Ya estoy aquí.

VETUSTO: ¿De qué va esto?

CÁNDIDO: Déjame explicarte. Nunca estuve atado realmente; hiciste bien en dudar. Verás… Aquella noche, cuando me golpeaste contra la mesa, me quedé tirado en el suelo asimilando lo que había pasado; te vi acercándote a rezar y flagelarte, y aproveché para coger un cenicero de la mesa y golpearte en la cabeza.

VETUSTO: ¿Y por qué no llamaste a tu madre? ¡Eso era lo que querías!

CÁNDIDO: Vine en mi propio coche, Vetusto. ¿No lo recuerdas? Solo te estaba provocando. Quería que te pusieras nervioso y ofrecerte el pacto de paz: escribir algo juntos. Pero no salió bien, de modo que opté por fingir que me habías atado. Quería hacerte chantaje emocional y ponerte al límite para que aceptaras el trato, pero ni así lo hiciste. ¡Ni así! Ayer exploté cuando me rechazaste.

VETUSTO: No colaboraría contigo ni aunque fuera cuestión de vida o muerte.

CÁNDIDO: Pues en este caso puede que lo sea y ya has dejado clara tu posición.

VETUSTO *(tembloroso)*: Cándido, esto no está bien. Tienes que soltarme.

CÁNDIDO *(burlón)*: En estas situaciones las víctimas siempre juran que se mantendrán calladas, pero tú y yo, tú y yo sabemos que eso nunca sucede. Efectivamente, voy a vender esto a alguna revista para ganar más fama a tu costa. Me tenías calado. Ya veré cómo plantear la situación; tengo tiempo para pensarlo. Me hiciste prometer que no le diría a nadie que estaba aquí.

VETUSTO: Tu madre lo sabe.

CÁNDIDO: Ella no va a interferir. Me prometió que se mantendría callada; y ella quiere tanta fama como yo.

VETUSTO: Estás podrido, Cándido; no haces justicia a tu nombre.

CÁNDIDO: No seré una persona sin malicia, pero mi talento resplandece en cada poro de mi piel.

VETUSTO: Déjate de tonterías, anda. No sabes cómo funciona esta casa, no vas a durar ni dos días conmigo así.

CÁNDIDO: No me subestimes.

> *(CÁNDIDO sale de la habitación por el lado izquierdo. Se oye un portazo. Se apaga la luz. Al encenderse, CÁNDIDO entra por el lado izquierdo con una bandeja de plata tapada, que coloca sobre el cuerpo de VETUSTO).*

CÁNDIDO: ¿Te gustaba cazar, no?

VETUSTO *(a regañadientes)*: Sí.

CÁNDIDO: Pues para hoy he cazado por ti.

> *(VETUSTO mira, desconcertado, a la bandeja; y cuando CÁNDIDO la abre, revela una serie de cucarachas que tira sobre la cama, provocando que VETUSTO se retuerza entre las cuerdas intentando tirar la bandeja).*

VETUSTO: ¡Desgraciado! ¡Quítamelas de encima!

CÁNDIDO: Relájate, por Dios; no quiero que te dé un infarto. Tenías muchas cucarachas en el sótano; pensé que como te gustaba la caza, te sentirías orgulloso.

VETUSTO: Eres un desgraciado.

CÁNDIDO: Me pusiste una pata de conejo en la boca sabiendo que soy vegetariano. No intentes hacer ahora como que no hay maldad en ti. Estás tan descompuesto como yo. Somos iguales.

VETUSTO: Cómeme los huevos *(escupe, acertando en CÁNDIDO)*.

CÁNDIDO *(limpiándose la saliva)*: Buena oferta, pero tendré que denegarla.

VETUSTO: ¡Ramera, sodomita asqueroso!

CÁNDIDO: Aunque ahora vayas de católico, de nuevo, somos iguales. Te recuerdo que fuiste de los primeros en poner representación gay en el panorama narrativo español y ahora pretendes ser un católico. ¿Qué? ¿Asexual?

VETUSTO: El pecado, como la escritura, es un barco que ya pasó hace bastante.

CÁNDIDO: Pues siento decirte que, rebuscando entre tu escritorio, he encontrado varios manuscritos nunca publicados. Hay uno que me ha llamado especialmente la atención *(va al salón para volver a entrar con una libreta)*.

VETUSTO *(sobresaltado)*: ¡No! Deja eso; es personal.

CÁNDIDO: Y tanto: tu gran historia de amor. Esto sería líder en ventas y si tú no te atreves a hacerlo novela… ¿debería hacerlo yo?

VETUSTO: Cándido, detén esto antes de que sea demasiado tarde… o puedes acabar muy muy mal. Tienes futuro, no lo eches a perder.

CÁNDIDO: Vaya, si el perro se ha metido el rabo entre las patas. Ahora sí te pones serio y bajas esa actitud de superioridad.

VETUSTO: Egos fuera. ¿De verdad crees que esto va a funcionar? Vas a salir muy mal parado.

CÁNDIDO: No intentes meterme miedo. Pensaré un buen plan, diré que tú me secuestraste y yo conseguí escapar. Seré la víctima a la que todo el mundo admirará y compadecerá.

VETUSTO: En ese caso, hazlo ya y acaba con esto de una vez.

CÁNDIDO: No. Quiero disfrutar un poco más de esta situación.

VETUSTO: Cuanto más margen de tiempo, más margen de error. ¿Qué harás cuando comiencen los interrogatorios, cuando empieces a dar versiones diferentes y se den cuenta de que mientes?

CÁNDIDO: Eso no pasará. Estarán demasiado centrados en tu vuelta a la vida social como un demente secuestrador. Se llenarán las revistas con egos subidos por tener razón al difamarte todos estos años llamándote *(con énfasis)* decadente y amargado por tu propio fracaso.

(Unas lágrimas caen de los ojos de VETUSTO *mientras mira al vacío, al público).*

*(*CÁNDIDO *sonríe vilmente. Los días pasan. La luz se apaga; cuando se enciende, se ve en escena a* CÁNDIDO *gritando. La luz se apaga; cuando se enciende, se ve en escena a* VETUSTO *revolviéndose en su cama y a* CÁNDIDO *leyendo en el sofá. La luz se apaga; cuando se enciende, se ve a* CÁNDIDO *dando vueltas*

por el salón con las manos en la cabeza. La luz se apaga; cuando se enciende, se ve a CÁNDIDO *golpeando la pared y a* VETUSTO *gritándole que pare. La luz se apaga; cuando se enciende,* CÁNDIDO *entra por el lado izquierdo con un vaso de agua).*

CÁNDIDO: Ya me has dicho que tenías sed, pero… ¿Qué se dice?

VETUSTO: Dame agua, por favor.

CÁNDIDO: Más.

VETUSTO: Te lo imploro por lo que más quieras.

CÁNDIDO: Eso me gusta más *(sonriente, le acerca el vaso, pero vuelve a alejarlo).* Antes quiero que me digas dónde está la llave que abre ese misterioso armario *(señala al fondo de la habitación izquierda).*

VETUSTO: ¿Para qué? Ahí no hay más que trastos viejos.

CÁNDIDO: Soy curioso.

VETUSTO: No sé ni dónde estará.

*(*CÁNDIDO *deja el vaso en la mesita de noche y se acerca al pecho de* VETUSTO*; le abre la camisa y arranca una llave que colgaba de su cuello).*

CÁNDIDO: Más te vale que no sea esta, o te habrás quedado sin agua.

*(*CÁNDIDO *se dirige al armario; mete la llave, que efectivamente abre la puerta).*

CÁNDIDO: Antes se pilla al mentiroso que al cojo. ¿Quieres acaso que te destroce las piernas para descubrirte aún más rápido? *(coge un bastón de madera y le golpea).*

VETUSTO: ¡Desgraciado!

CÁNDIDO: Aprende palabras nuevas *(se dirige al armario y rebusca entre la ropa y disfraces)*. ¡Dios mío, conservas el traje que usaste para aquella entrevista del 96 disfrazándote de Arquimimo! Este es uno de mis personajes favoritos de tus novelas.

VETUSTO: ¿Cómo va a gustarte Arquimimo? Es un psicópata desquiciado. *(Pensativo)*. Bueno, ya lo entiendo.

CÁNDIDO: Me ofende que no seas consciente del potencial de tu obra. Arquimimo, el payaso triste, es mucho más que un simple asesino vestido de payaso. Es una historia que explora de manera genial el trauma generacional y la impotencia de no ser feliz, por mucho que tu objetivo sea hacer feliz al resto. Así que no hables de Arquimimo de manera despectiva; es un pobre incomprendido.

VETUSTO: Al igual que tú, supongo.

(CÁNDIDO no le escucha; está demasiado ensimismado con el disfraz de colores granate, beige y cobalto).

VETUSTO: ¿Sabes por qué creé a Arquimimo?

CÁNDIDO: Te fascinaban los muñecos de bufones y las figuras de porcelana de payasos. Lo sé. He visto todas tus entrevistas.

VETUSTO: No, eso es lo que decía en ellas, pero no es la realidad. Al menos, no del todo.

(CÁNDIDO deja por un momento de mirar al disfraz para prestarle atención).

VETUSTO: Creé a Arquimimo porque me sentía vacío. Las obras que había escrito no estaban llegando adonde yo quería; me sentía como un payaso tratando de entretener a su público, pero que no consigue satisfacerlos y que, a pesar de su sonrisa, se siente tan triste que las lágrimas de petróleo brotan de sus ojos para mostrar la podredumbre de su alma. De ahí su maquillaje con lágrimas negras.

CÁNDIDO: Eso solo hace que me fascine más.

> *(CÁNDIDO sale por el lado izquierdo con el disfraz en la mano).*

VETUSTO: ¡Para! No oses ponértelo. «Pero Jesús le reprendió, diciendo: "¡Cállate, y sal de él!"". Y el espíritu inmundo, sacudiéndole con violencia, y clamando a gran voz, salió de él». Marcos 1:25-26.

> *(CÁNDIDO vuelve a la habitación vestido de Arquimimo y posa ante el público simulando que tiene un espejo delante).*

CÁNDIDO: Cuando vi la escena del baile en la adaptación cinematográfica, algo cambió en mí. Esa escena se quedó grabada en mi mente; me sé la coreografía al completo.

VETUSTO: No la hagas, por dios. Para esto, te lo imploro.

CÁNDIDO: Deja de implorar y aprecia mi talento. Me he hecho el maquillaje con carbón y polvo de ladrillo. Soy un genio.

> *(CÁNDIDO se dirige al tocadiscos del salón, mientras VETUSTO se esfuerza por desatarse. Busca entre los vinilos la banda sonora de la adaptación cinematográfica. Tras encontrarla, pone la canción concreta y baila hacia el público).*

VETUSTO: ¡Para! ¡Para, Cándido!

(VETUSTO se retuerce cada vez más fuerte produciendo que el cabezal tiemble y, por ende, haga temblar la mesita de noche. Se da cuenta de esto y golpea la mesita para atraer el vaso, a la vez que mueve su cuerpo lo máximo posible para acercarse a este. CÁNDIDO sigue bailando. VETUSTO intenta con todas sus fuerzas conseguir ese vaso para romper la cuerda, pero acaba cayéndose al suelo y rompiéndose en pedazos. El sonido se ve opacado por unos golpes en la puerta. CÁNDIDO baja la música y se acerca a la puerta derecha).

CÁNDIDO: ¿Quién es? El señor Vetusto se encuentra ocupado ahora.
BERTA: Soy la madre de Cándido.
CÁNDIDO: ¿Mamá?
BERTA: Abre, cielo.

(CÁNDIDO duda por unos segundos, pero finalmente abre la puerta. Entonces una avalancha de paparazis se cuela en la casa, llenando a CÁNDIDO de resplandecientes destellos).

FOTÓGRAFO 1: ¿Por qué llevas ese disfraz, Cándido?
FOTÓGRAFO 2: ¿Dónde está Tomás Vetusto?
FOTÓGRAFO 3: Queremos fotos del viejales.

(Se abalanzan hacia la puerta de la habitación y entran fotografiando sin cesar a VETUSTO, quien empieza a reír descontroladamente).

BERTA: ¡Cándido! ¿Cómo vas vestido así? Cámbiate, que tenemos que sacar buenas fotos para las revistas.

CÁNDIDO: ¿Por qué has hecho esto? Dijiste que te mantendrías al margen.

BERTA: No iba a permitir que perdieras esta oportunidad con tu tonta moral.

CÁNDIDO: Mamá, se ha arruinado todo.

TELÓN

Modalidad de Teatro Mínimo

Modalidad de Teatro Mínimo: Premio

Bernarda Z

de

Juan Mairena

Bernarda Z

BERNARDA

ACTO I

Bernarda tiene unos sesenta años, aunque parece algo más joven. Viste de negro y lleva el pelo recogido en un elegante moño gris. Nada más aparecer en escena se ve que es una mujer de carácter, fuerte y segura de sí misma. La casa está en penumbra. Está sentada delante de una mesa con un ordenador portátil. Pone una mano sobre el portátil, duda por un momento. Después sube la pantalla, decidida, y comienza a grabar.

BERNARDA.–Queridas hijas, espero que… allá donde estéis… os encontréis bien y que… algún día… podáis ver este mensaje. No sé cuánto más puede durar esto. Gracias a Dios, tengo la despensa llena y ninguna boca que alimentar. La Poncia también cayó y, desde entonces, no prueba bocado. Lo mismo que vuestra hermana. Y mejor que así sea. ¿Quién les iba a decir que acabarían juntas haciéndose compañía?

Cierra por un instante los ojos, suspira y continúa hablando.

No sé nada de vosotras desde aquel aciago día. Nunca pensé que el luto iba a durar tanto. Ocho años no habrían sido nada si os hubiera tenido a todas conmigo, pero… la desgracia, o quizás la fortuna, hizo que nos separásemos. Ni siquiera sé si estáis juntas. Solo espero que hayáis encontrado refugio en algún sitio y que… algún alma caritativa… si todavía queda alguna… cuide de vosotras hasta que todo esto acabe. Cada día que pasa me siento más vieja… y sola. Pero no os preocupéis, todavía sigo en pie, como los muros de esta casa que levantó mi padre...

Bernarda se levanta, mira a su alrededor, deteniéndose en cada rincón de la estancia. Después da unos pasos hacia proscenio.

Mi padre *(sonríe)*. Cómo me he acordado de él estos días. Y qué distinto hubiera sido todo si estuviera aquí ahora. ¡Eso sí que era un hombre! Un hombre de su casa. Sin tentaciones ni pensamientos oscuros. Sin otra obsesión que trabajar la tierra y cuidar de lo suyo. Sin vicios. Él no era de esos. No era hombre de tabernas. Ni de amigos.

En ese momento entra un haz de luz que atraviesa la estancia descubriendo diminutas motas de polvo que flotan en el aire. Bernarda mira hacia la ventana.

Antes de que asomara el sol, ya estaba en los caminos. Con la mirada al frente. Sin distraerse. Pensando en las tareas del campo. Sin ayuda de nadie. Tampoco la necesitaba. No le gustaba que anduvieran en sus cosas. Valía por dos, ¡por tres hombres!

Se dirige hacia la ventana y descorre con fuerza las cortinas. La casa se ilumina con las primeras luces del día.

Pero... los buenos hombres se van pronto... Cuando no se los lleva un cáncer... se los come algún virus o... algún otro hombre. Que me lo digan a mí, que he sobrevivido a dos... ¡Dos maridos como dos soles! Gracias a Dios, se fueron antes de que... esa perra empezara a morder a diestro y siniestro. Antes de que empezara a contagiar la rabia a los hombres. Mucho antes de que entrara en esta casa. ¡Malditos sean todos los virus! ¡Y todos los muertos... vivientes!

Da unos pasos hacia el centro de la estancia.

Nunca olvidaré aquella noche... *(Cierra los ojos y traga saliva).* La casa se me vino encima cuando vi sus pies suspendidos, todavía vacilantes, a un metro escaso del suelo. Pensé que todo había acabado, que el mundo, o al menos el mío, había llegado a su fin. Pero no fue así. Todavía no. Dios... o el diablo... me tenía reservado algo peor. Después de descolgar su cuerpo inerte, Adela se lanzó al cuello de La Poncia como una bestia poseída y ávida de carne. La súbita alegría de ver a mi hija con vida se transformó rápidamente en el más absoluto horror. Adela ya no era mi hija, era el mismísimo demonio. Y Poncia... su desdichada presa. Sabía que le tenía ganas. Siempre andaban discutiendo. Siempre alzándose la voz. Incluso pensé que algún día llegarían a las manos, pero ¿quién iba a imaginar algo así?

Se dirige hacia la mesa y, sentándose esta vez sobre ella, mira la pantalla del ordenador.

Os pedí que salierais mientras sostenía con fuerza a vuestra hermana, pero ninguna me hizo caso al principio. ¡Fuera de esta casa! ¡Fuera todas de aquí! Insistí... Se habían abierto las puertas del infierno y nadie estaba seguro en ella. No después de aquello. Cuando quise darme cuenta... ya os habíais ido. Ni siquiera pude despedirme. Me quedé sola... con ellas. La Poncia, tirada en el suelo, aún con vida. Y Adela, revolviéndose en mis brazos como un perro rabioso. Solo Dios sabe lo que me costó arrancarle aquel trozo de carne de la boca.

Se echa las manos a la cara y las sube lentamente por la frente y las sienes.

Cuando logré separarlas, arrastré como pude a Adela hasta su habitación. Intentó zafarse, morderme, pero... gracias a Dios, fui mucho más fuerte que ella. Después volví para socorrer a la Poncia. Estaba tirada en el suelo sobre un gran charco de sangre. Intenté ayudarla, pero... nada ni nadie podía hacer nada para detener aquel chorro que brotaba de su garganta. Tenía los ojos muy abiertos. Sus pupilas moviéndose de un lado para otro, como intentando buscar ayuda o encontrar una explicación imposible a lo que acababa de suceder. Después sus ojos se detuvieron en los míos. Le agarré la mano con fuerza y... ya no apartó su mirada de la mía hasta que... todo acabó. *(Llevándose las manos a la cabeza y tirándose del pelo).* ¡Ay, hijas mías! ¡Angustias, Magdalena, Amelia, Martirio! ¡Nunca tengamos ese fin!

Oscuro.

Modalidad de Teatro Mínimo:
Primer Accésit

Elucubre usted

de

Alejandro Estrada Mesinas

Elucubre usted

PERSONAJES

HOMBRE ALTO
HOMBRE BAJO

Un ataúd y dos sillas; en una está sentado el hombre bajo. El hombre alto entra, barre con la mirada escenario, ataúd y público, y luego se dirige a la otra silla sentándose al lado del hombre bajo. Mientras este luce un aspecto sumiso que lo hace casi insignificante, al hombre alto se le ve pleno de confianza y dueño de sí mismo.

H. ALTO- *(Al hombre bajo)* El segundo hijo del primo del guardián de mi edificio murió de pena. Era un vecino del barrio.

H. BAJO- Vaya, cuánto lo siento. *(Reaccionando)* Pero eso es difícil de creer, la gente muere de gangrena, por accidente, de cáncer y cosas así.

H. ALTO- No lo crea. Hace unos años conocí de una muerte por piano.

H. BAJO- Un momento, deténgase ahí, ¿cómo va a morirse alguien de piano?

H. ALTO- Muy fácil. Imagínese usted que va caminando por la vereda muy tranquilo y orondo, hasta silbando una melodía; a propósito, ¿sabe usted silbar?

H. BAJO- Mire que no, tantos años y nunca aprendí.

H. ALTO- Pues no se desanime, todavía le quedan algunos años para aprender.

H. BAJO- No tantos, ya la edad pesa.

H. ALTO- No le haga caso a esas tonterías, dentro de poco lo veré transitar por las calles silbando *La viuda alegre*.

H. BAJO- ¡Ah! Esa es la de Lehar.

H. ALTO- Tremendo conocedor que es usted. Es un placer conversar con una persona erudita.

H. BAJO- Exagera usted.

H. ALTO- De ninguna manera; y ya que nos vamos entendiendo, voy a proseguir con lo que le venía contando.

H. BAJO- Por favor, prosiga usted.

H. ALTO- Decíamos que va muy contento, como gato ron-roneando, y, al pasar por un edificio alto, se suelta el piano que estaban izando a un departamento y le cae encima y ahí no más queda usted como tortilla de teclas mal cocinada, todo apachurrado contra la acera. ¿Acaso no se ha muerto de piano?

H. BAJO- Poniéndolo de esa manera *(pausa)*, claro, sí, tiene usted razón.

H. ALTO- Es más, si quien esperaba el piano en el piso 12 del mencionado edificio es una viuda, una mujer que había invertido toda la herencia de su difunto marido en la adquisición y traslado del instrumento y, al ver perdido de un solo golpe todo su patrimonio, fallece instantáneamente, yo me aventuraría a decir que también murió de piano, o en todo caso de una complica-ción pianística. ¿No le parece a usted?

H. BAJO- Sí, claro, muy interesante, *(dudando)* no lo había pen-sado de esa forma. ¿Es usted doctor?

H. ALTO- No, por favor. Solo voy recogiendo un poco de aquí y un poco de allá, y elucubro. Ahora, y ponga us-ted atención, suponga que la viuda tenía un amante, un joven pianista brillante, prometedor y muy guapo.

H. BAJO- ¡El piano era para el amante pianista!

H. ALTO- ¡Qué agudeza! Elucubra usted, le felicito. Prosigo. Al llegar al departamento el pianista se encuentra con su amante muerta y el piano destrozado.

H. BAJO- *(Interrumpiendo)* Y se muere.

H. ALTO- También de complicaciones pianísticas, sin duda. Y ya van tres que mueren por piano.

H. BAJO- ¡Qué barbaridad! Me deja usted frío.

H. ALTO- Eso no es nada. Suponga que este joven tenía una pareja, joven como él, a la que amaba por formulismo;

no así ella, pura telenovela, usted sabe, y esta tierna mujer, porque necesariamente ha de ser tierna...

H. BAJO- *(Interrumpe)* También se muere al enterarse. ¡Cuatro! No sé qué decirle.

H. ALTO- No me diga nada, no es necesario. Y ahora sí que lo voy a asombrar. La pareja tenía un perro, uno de esos animales *(como buscando la palabra)* infectos y desagradables, el que queda desamparado, y por falta de cariño y alimento también fallece.

H. BAJO- Pero qué horror, jamás se me hubiera ocurrido tragedia tan siniestra.

H. ALTO- Sanitariamente podríamos hablar de una epidemia de muertes por piano. ¿No le parece? Y para ello no hay vacuna.

H. BAJO- Sí, sí, claro. *(Pausa)*. Usted debe haber estudiado mucho.

H. ALTO- No, qué va, solo elucubro, le doy trabajo a la masa encefálica.

H. BAJO- Bueno, pero se supone que eso hacemos todos.

H. ALTO- No lo crea, desconfíe. Mire usted a su alrededor y dígame qué ve, qué percibe, *(señalando al público)* quiénes son toda esa gente.

H. BAJO- No podría decirle, *(mirando a la sala)* en su mayoría desconocidos.

H. ALTO- Usted lo ha dicho: desconocidos, repantigados como zánganos en sus asientos, seres con quienes no ha intimado por sus evidentes limitaciones intelectuales. Personas con quienes se pasa un tiempo fofo, aquel que no llega a significar mucho en nuestras vidas.

H. BAJO- Pensándolo bien...

H. ALTO- *(Interrumpiendo)* No lo piense. Elucubre usted, elucubre. *(Examinándolo)* Se nota que usted es una persona dotada de una inteligencia superior a la media.

H. BAJO- Me halaga usted; no es para tanto.

H. ALTO- Nada de falsas modestias, por favor. No bien entrar me pude percatar del aura intelectual que le rodea; no por gusto me he sentado a su vera.

H. BAJO- Gracias, gracias. Justamente yo pensé en algo similar apenas noté su presencia. *(Pausa)* ¿Y sabe usted de muchas inusuales formas de morir?

H. ALTO- Sin ir muy lejos, a un par de cuadras de mi casa hubo una muerte por bostezo.

H. BAJO- No me lo puedo imaginar.

H. ALTO- El asunto fue muy confuso, aunque indagando he podido reconstruir los hechos tal como ocurrieron. El occiso había ingerido abundantes cantidades de licor y al llegar a su casa quiso prepararse un café, prendió la cocina y puso el agua a calentar, luego se recostó en el sofá y, como usted ya habrá elucubrado, se quedó dormido. Como era de esperarse, se consumió el agua, la tetera se recalentó, se prendió el trapo de secar que colgaba sobre la cocina y ya estaba el departamento en llamas.

H. BAJO- ¿Y el pobre hombre?

H. ALTO- A eso vamos. El hombre recién se despertó con las sirenas de los bomberos. Como hacía calorcito, quiso remolonear un tanto antes de incorporarse y le vinieron tales bostezos, como nos pasa por las mañanas a todos los mortales, que se le trabó la mandíbula cuando tenía la bocaza abierta.

H. BAJO- No podía cerrar la boca.

H. ALTO- No podía. Quiso su mala suerte que en ese instante entrara por la ventana el chorro de agua de los bomberos y le cayera sobre la boca inundándole por fuera y por dentro.

H. BAJO- *(Tímidamente)* Pero podríamos hablar de un ahogo antes que de un bostezo.

H. ALTO- Me alegra su razonamiento; es usted una persona inquisitiva y curiosa. Pero elucubre usted: si no hubiese sido por el bostezo, no se moría. ¿Estoy en lo correcto?

H. BAJO- Bueno, sí, pe...

H. ALTO- *(Interrumpiendo)* Excelente. Usted concuerda conmigo; no se hable más. *(Frustrado)* Aunque esta vez a la señora del difunto le resbaló la noticia y no bien echarle tierra encima se vistió de colores y ahí anda de muy pizpireta. Nos dejó con las ganas de tener una segunda muerte por bostezo.

H. BAJO- Le creo, le creo. Uno nunca se puede confiar de las mujeres.

H. ALTO- Eso depende.

H. BAJO- Por casualidad, ¿es usted casado?

H. ALTO- *(Lo mira algo molesto y desconcertado)* Pues *(pausa)* cómo explicarle. *(Pausa)* Sí, hace un tiempo me casé por casualidad. Esas cosas que suceden sin que uno se dé cuenta y luego nos persiguen por toda la vida. *(Pausa)* Pero no duró mucho la cosa; ella se murió de agotamiento matrimonial.

H. BAJO- ¿Y eso?

H. ALTO- Por ahora preferiría no explayarme en esa causal; hay razones íntimas para ello. Espero que usted entienda. Uno no debe ir por el mundo divulgando privacidades.

H. BAJO- Disculpe usted y espero que no me considere un entrometido. *(Pausa)* Me decía usted que el primo del guardián...

H. ALTO- El segundo hijo del primo del guardián de mi edificio, el que murió de pena. Sí, sí. Pero déjeme contarle que primero murió su esposa; ella tuvo una muerte china, muy original, también oriental, claro.

H. BAJO- No me diga.

H. ALTO- Le digo, oiga usted, se lo digo. Esta señora aprendió a pedir de todo por Internet, esa modernidad con la cual yo no comulgo. Y no lo hago porque una sobrina mía aprendió en sus pantallas las mil y una formas de decir huevón. Usted disculpe la expresión, pero es imprescindible en el relato. Lo decía en argentino, en bantú, en esloveno, en maorí, y hasta en swahili, pero lo singular del caso es que por la misma vía también aprendió las entonaciones. Muy desesperante que a uno le digan algo y no sepa si lo están insultando en uzbeco o le están pidiendo la azucarera en finlandés.

H. BAJO- ¡Qué enervante! Estoy de acuerdo con usted, esas barbaridades no deberían permitirse.

H. ALTO- Un día la señora pidió unas ganas y estas le llegaron por el teléfono celular, por el *wasap* que le dicen. Pero no eran unas ganas en abstracto, sino muy específicas: ganas de ir al restaurante chino.

H. BAJO- Si es de no creerlo.

H. ALTO- Eran tan abrumadoras las ganas que andaba todo el día hinchándole las partes pudibundas al marido, huevos en vulgo, para que la llevara a comer chino.

H. BAJO- Usted querrá decir comida china, muy diferente de comer chino.

H. ALTO- Pero qué puntilloso es usted. Reconozco que tiene razón y me corrijo: elucubra bien, le felicito.

H. BAJO- Gracias.

H. ALTO- Sigamos. El marido accedió, pero a la larga se hartó de esa comida y le dio permiso de ir por su cuenta. La mujer era muy de su casa; no estaba acostumbrada a salir sola, pero parece que las ganas eran tamaño XXX y no pudo contenerse. Tanto va el cántaro al agua, usted sabe, que acabó enredándose con el dueño del restaurante.

H. BAJO- Que era chino.

H. ALTO- Usted lo ha dicho. La señora no se hartaba ni de la comida ni del chino, y en este va y viene se enteró el marido y le dio tal pateadura al galán que acabó peor que *chanfainita*, que, para su mayor humillación, no es un potaje oriental que digamos.

H. BAJO- ¿Y qué hizo con la señora?

H. ALTO- A ella la encerró en la casa prohibiéndole salir ni a la esquina.

H. BAJO- Se le acabarían las ganas de comer chino.

H. ALTO- Ni lo crea usted; pedía por *delivery* y venía otro chino a efectuar la entrega.

H. BAJO- Y acabó enredándose con él.

H. ALTO- Me asombra su agudeza. Así fue y, harto y vejado, el marido acabó asesinándola con un cuchillo de cocina, uno que ella misma le había regalado para Navidad.

H. BAJO- Oiga, ¿y eso no sería muerte por ironía?

H. ALTO- Me parece interesantísima su observación. La tomaré en cuenta. Se ve que ya nos entendemos. Pero escuche bien lo que sigue. El chino del *delivery* se había encamotado con ella y fue a buscarla con una docena de *wantanes* en la mano. Quien lo recibió fue el marido y, para redondear la faena, le clavó el mismo cuchillo en el gaznate.

H. BAJO- Los mató a los dos, a los amantes. Ese hombre es un asesino.

H. ALTO- Correctamente elucubrado. En el juicio se reveló que el asesino, como usted adecuadamente lo llama, había pedido por el Internet un manual titulado: «Las 41 formas de deshacerse del cuerpo de su mujer y de otros incómodos allegados».

H. BAJO- Sin duda, una muerte china.

H. ALTO- O también irónica, como usted tan sabiamente me hizo notar.

H. BAJO- *(El hombre bajo parece reflexionar)* Pero usted me dijo, cuando recién llegó, que el hombre había muerto de pena.

H. ALTO- Ah, sí, claro.

H. BAJO- ¿Murió de tristeza al haber matado él mismo a su mujer?

H. ALTO- No; de ninguna manera, mi amigo, porque espero ya poderle llamar así, murió de pena, pero de pena capital: lo achicharraron en la silla eléctrica.

H. BAJO- ¡Qué trágico!

H. ALTO- No tanto, no tanto; tampoco debemos exagerar.

H. BAJO- Quizás usted tenga razón. Lo que sucede es que estos hechos criminales a mí me conmueven.

H. ALTO- No se altere, por favor; no sería de muy buen gusto, menos acá.

H. BAJO- *(Parece que quiere decir algo, pero calla y solo suspira).*

H. ALTO- *(Dándole palmaditas en la espalda)* Tranquilo, amigo. *(Pausa)* Y a propósito, *(señalando el catafalco)* ¿este señor de qué ha muerto?

H. BAJO- Me parece que de un paro cardíaco.

H. ALTO- No me diga usted. *(Se sofoca)* ¡Qué vulgar!, ¡qué rutinario! No sé qué hago aquí; estoy perdiendo mi tiempo.

H. BAJO- ¿Cómo dice?

H. ALTO- Imagínese que me pregunten de dónde vengo y tenga que decir que de un velorio donde el finado murió de un ataque al corazón. Sería una vergüenza para mi reputación. Mejor me retiro. *(Se incorpora y se dobla sobre el hombre bajo)* Tenga usted muy buenas noches. Y no se tome otra taza de café, que está malísimo, aunque pensándolo bien, si acepta, podría morirse de taza, lo cual sería interesante y digno de ser recordado. Me pasa la voz si ello sucede. Con gusto acudiría a su velorio.

H. BAJO- *(Desconcertado y poniéndose de pie)* Sí, claro, claro que sí. *(Estira la mano para despedirse).*

> *El hombre alto deja al pequeño con la mano estirada y se asoma al catafalco. Con gesto de desprecio se estira cuan largo es y se dirige a la salida. Antes de salir se detiene, saca del bolsillo una lista, tacha un renglón y, mirando el siguiente, repite para sí la dirección leída; luego voltea y se dirige al hombre bajo, que sigue observándolo desconcertado.*

H. ALTO- ¿O sería tal vez muerte por café? *(Y abandona el velatorio).*

Una decisión sencilla

de

Marta Velasco González

Una decisión sencilla

PERSONAJES

PERSONAJE 1
PERSONAJE 2

Ambos deben estar caracterizados de forma que se facilite
el no saber si son hombre o mujer, y la vestimenta es lo más
neutra posible. Tienen que parecer dos seres que podrían
ser cualquiera.

Una mesita de bar con dos sillas, música de fondo y tormenta a lo lejos.

PERSONAJE 1(PJE. 1), *sentado, nervioso… Entra* PERSONAJE 2 *y se sienta.*

PJE. 1: Hola, qué tal…

PJE. 2: Bien, acabo de llegar. ¿Te pido al…? *(Le interrumpe)*

PJE. 1: Una cerveza…

PJE. 2: *(Al camarero imaginario)* Dos cervezas, por favor…

PJE. 1: Bueno… Igual lo mejor es ir al grano…

PJE. 2: ¿Sin cerveza?

PJE. 1: Con o sin cerveza, porque el problema ya está, no hay cerveza que lo solucione…

PJE. 2: Pero con cerveza pasa mejor…

PJE. 1: Estando aquí ambos ya no hay vuelta atrás… Pase lo que pase, va a ser para mal…

PJE. 2: Eso es cierto…

PJE. 1: Entonces, ¿para qué me has dicho de vernos?

PJE. 2: Porque ya había empezado; esto es solo la continuación…

PJE. 1: Bueno, no nos pongamos nerviosos; analicemos un poco la situación… El análisis siempre sirve para enfriar un poco las cosas…

PJE. 2: Poco análisis tiene esto, me temo…

PJE. 1: Algo tiene, algo tiene; no hay que perder los nervios…

PJE. 2: Pues tú estás regular…

PJE. 1: Regular, sí… Por eso lo del análisis…

PJE. 2: Quiero besarte…

PJE. 1: Bien, ese es el primer punto del problema, sí…

PJE. 2: Ese "fue" el primer punto del problema…

PJE. 1: Sí, eso es…

PJE. 2: La primera vez que quise besarte...

PJE. 1: Sí, sí, ahí, ahí...

PJE. 2: Entonces estamos en el segundo punto del problema, que ya no aguanto mucho más sin hacerlo...

PJE. 1: Bien, entonces veamos qué se puede hacer...

PJE. 2: Porque, evidentemente, tú también quieres...

PJE. 1: Evidentemente, sí; si no, no estaríamos aquí, tratando de solucionar esto...

PJE. 2: Esto no tiene solución... al menos buena...

PJE. 1: Todas son malas, sí... Alguien va a sufrir; me temo que me va a tocar a mí...

PJE. 2: O a mí...

PJE. 1: No, porque tú no te vas a separar, pase lo que pase...

PJE. 2: A no ser que lo que pase sea que mi pareja se entere...

PJE. 1: Efectivamente, lo cual es una probabilidad alta desde el momento en que nos besemos...

PJE. 2: Si nos besamos, perdemos el control, sí... El control sobre el otro...

PJE. 1: Y sobre nosotros mismos...

PJE. 2: Es curioso, la barrera que se cruza en el momento en que se toca el otro cuerpo...

PJE. 1: Sí, se cierra detrás de ti, y ya no se puede volver atrás... Pero tú nunca te separarías, lo tienes claro...

PJE. 2: Claro y tres hijos...

PJE. 1: Yo también tengo hijos y, sin embargo, sé que podría acabar separándome...

PJE. 2: Yo solo quiero besarte...

PJE. 1: Por eso te aviso. Si me besas, emprendemos un camino que, indefectiblemente, acaba mal...

PJE. 2: No podría enterarse ninguno de nuestros amigos...

PJE. 1: Siempre se entera alguien de nuestros amigos; estos secretos se leen y se adivinan...

PJE. 2: Entonces se acabarían enterando nuestras parejas...

PJE. 1: Eso trato de explicarte; tras el beso vendrá otro beso...

PJE. 2: Tiene pinta...

PJE. 1: Podría ser solo un beso...

PJE. 2: Siendo realistas, es poco probable...

PJE. 1: Y además no importa, con un beso basta...

PJE. 2: Para la culpa...

PJE. 1: La culpa en los ojos...

PJE. 2: La necesidad de contárselo al amigo...

PJE. 1: A la amiga...

PJE. 2: Que son comunes en nuestro caso...

PJE. 1: El desastre está servido... ¿Alguna vez habías sido infiel?

PJE. 2: ...

PJE. 1: Nuestro beso depende de tu respuesta...

PJE. 2: ...

PJE. 1: Venga, es muy importante...

PJE. 2: No...

PJE. 1: ¡Mierda! ¡La respuesta tenía que haber sido sí!

PJE. 2: No lo imaginaba...

PJE. 1: Porque si normalmente eres infiel, yo solo sería otra infidelidad y eso tiene otro pase...

PJE. 2: Vaya por Dios...

PJE. 1: Porque entonces ese beso abriría la puerta a algo mucho más complicado...

PJE. 2: Lo llego a saber y te miento...

PJE. 1: Pues ya también es tarde para eso...

PJE. 2: ¿Cuánto lleváis juntos, quince años?

PJE. 1: Dieciocho...

PJE. 2: Yo catorce...

PJE. 1: Es mucho tiempo...

PJE. 2: Sí, mucho… pero somos felices…

PJE. 1: Yo también lo soy…

PJE. 2: ¿Y qué hacemos aquí, si somos tan felices? No queremos, no podemos, no debemos…

PJE. 1: Pero deseamos…

PJE. 2: Y ya está…

PJE. 1: Ya está…

PJE. 2: Por un deseo tirar una vida por la borda…

PJE. 1: Así es el deseo… anula el poder, el deber, el querer…

PJE. 2: Somos animales…

PJE. 1: Los animales no desean…

PJE. 2: Si me besas, me enamoro, te lo advierto…

PJE. 1: Había pensado esa posibilidad…

PJE. 2: Y si me enamoro, y no podemos estar juntos, sufro…

PJE. 1: Es lo que sucede después, sí…

PJE. 2: Y si sufro, puedo enloquecer, separarme y contarle todo a tu pareja…

PJE. 1: Efectivamente…

PJE. 2: Y si te separas, te quedas en la calle, sin hijos y sin casa… y yo también…

PJE. 1: Es el caos, y encima ahora que estoy sin trabajo…

PJE. 2: Y nos quedaríamos sin amigos…

PJE. 1: De eso no cabe duda…

PJE. 2: Entonces, ¿por qué mejor no nos levantamos tranquilamente de esta mesa y nos marchamos?

Se miran fijamente. Miran ambos al público en silencio. Se funde a negro.

ACTAS DE LOS JURADOS

Lectura de las Actas de los Jurados. FOTO (Esther Leal): De izquierda a derecha, José Manuel Motos (Director de Escena), Eugenia Rodríguez-Bailón Fernández (Concejal de Cultura) y José Moreno Arenas (Dramaturgo).

Lectura de las Actas de los Jurados. FOTO (Esther Leal): De izquierda a derecha, José Moreno Arenas (Dramaturgo), Eugenia Rodríguez-Bailón Fernández (Concejal de Cultura) y José Manuel Motos (Director de Escena).

Modalidad Teatro Breve.

En Albolote, siendo las once horas del día 22 de diciembre de 2023, se reúnen en el Salón de Sesiones de la Casa Consistorial doña Eugenia Rodríguez-Bailón Fernández (Concejal de Cultura del Excmo. Ayuntamiento de Albolote) y don José Moreno Arenas (Autor de Teatro), respectivamente, Presidenta y Secretario del Jurado encargado de fallar el XV Certamen de Teatro "Dramaturgo José Moreno Arenas" 2023 en la Modalidad de Teatro Breve, con la finalidad de proceder a la apertura de los correos enviados por los miembros del Jurado, computar los votos obtenidos por las obras finalistas y resolver el otorgamiento del premio y los dos accésits.

Componen el Jurado, además de la Presidenta y el Secretario mencionados, los siguientes Vocales: don Emilio Ballesteros Almazán (Escritor, poeta y dramaturgo), don Genís Campillo García (Dramaturgo y actor), don José Membrive Membrive (Director de Ediciones Carena), don Adelardo Méndez Moya (Analista y dramaturgo), don José Manuel Motos Galera (Director de teatro), doña María Dolores Rodríguez Huertas (Jefa de Producción de Karma Teatro), don Antonio Saló Tejedor (Dramaturgo, ganador de la anterior edición del Certamen) y don Mario Soria Rodríguez (Coordinador del Seminario Internacional de Estudios Teatrales "SIETe" y actor).

En virtud de la normativa por la que se rige el Certamen, todos los miembros del Jurado, excepto el Secretario (que actúa con voz pero sin voto), han emitido su voto por correo. En presencia de la Presidenta, el Secretario procede a la apertura de dichos correos; tras computar los votos obtenidos por cada una de las obras, se resuelve:

Otorgar el Premio del Certamen de Teatro "Dramaturgo José Moreno Arenas", en su decimoquinta edición, correspondiente al año 2023, a la obra titulada *Como cadáveres flotando en mitad del mar*. Abierta la plica número 18, resulta ser su autor don Juan Manuel Brun Murillo.

Otorgar dos accésits. El primero de ellos a la obra titulada *Ausencia*; abierta la plica número 12, resulta ser su autor don Ricardo Molina Pérez. El segundo de ellos a la obra titulada *Vetusto*; abierta la plica número 92, resulta ser su autor don José Peñalver.

El Jurado califica el texto de *Como cadáveres flotando en mitad del mar* como "una reflexión dramática sobre las más íntimas frustraciones. La existencia de situaciones, más graves o más ligeras, que castran la libertad y la realización plena del individuo, encuentra en su expresión oral una vía de alivio. Para ello resulta fundamental la condición recíproca de los interlocutores, en conservación de un anonimato que va más allá de las voluntades respectivas. El juego del tren resulta eficaz para la teatralidad y la puesta en escena. Un desenlace demoledor completa esta interesante propuesta". Asimismo, reconoce que "la obra refleja de forma original y acertada la esquizofrenia del mundo actual en el que nos movemos, lleno de miserias y vacío existencial por un lado, pero con paraísos artificiales que, como vías de escape, nos ofrecen mundos virtuales en los que salvar nuestra infelicidad, siempre con el control de quienes crean y poseen los medios para esos mundos inventados".

En virtud de la normativa por la que se rige el Certamen, por la Presidenta se recuerda al Secretario que ha de tomar las medidas oportunas a fin de que por el resto de los miembros del Jurado se preste conformidad al Acta.

Habiéndose cumplido los objetivos para los que fue convocada la sesión, por la Presidencia se da por concluida, siendo las once horas y veinticuatro minutos.

Modalidad Teatro Mínimo.

En Albolote, siendo las once horas y treinta minutos del día 22 de diciembre de 2023, se reúnen en el Salón de Sesiones de la Casa Consistorial doña Eugenia Rodríguez-Bailón Fernández (Concejal de Cultura del Excmo. Ayuntamiento de Albolote) y don José Moreno Arenas (Autor de Teatro), respectivamente, Presidenta y Secretario del Jurado encargado de fallar el XV Certamen de Teatro "Dramaturgo José Moreno Arenas" 2023 en la Modalidad de Teatro Mínimo, con la finalidad de proceder a la apertura de los correos enviados por los miembros del Jurado, computar los votos obtenidos por las obras finalistas y resolver el otorgamiento del premio y los dos accésits.

Componen el Jurado, además de la Presidenta y el Secretario mencionados, los siguientes Vocales: don Miguel Galindo Abellán (Dramaturgo, ganador de la anterior edición del Certamen), don Adelardo Méndez Moya (Analista y dramaturgo), doña María Dolores Rodríguez Huertas (Jefa de Producción de Karma Teatro), y don Mario Soria Rodríguez (Coordinador del Seminario Internacional de Estudios Teatrales "SIETe" y actor).

En virtud de la normativa por la que se rige el Certamen, todos los miembros del Jurado, excepto el Secretario (que actúa con voz pero sin voto), han emitido su voto por correo.

En presencia de la Presidenta, el Secretario procede a la apertura de dichos correos; tras computar los votos obtenidos por cada una de las obras, se resuelve:

Otorgar el Premio del Certamen de Teatro "Dramaturgo José Moreno Arenas", en su decimoquinta edición, correspondiente al año 2023, a la obra titulada *Bernarda Z*. Abierta la plica número 103, resulta ser su autor don Juan Mairena.

Otorgar dos accésits. El primero de ellos a la obra titulada *Elucubre usted*; abierta la plica número 124, resulta ser su autor don Alejandro Estrada Mesinas. El segundo de ellos a la obra titulada *Una decisión sencilla*; abierta la plica número 160, resulta ser su autora doña Marta Velasco González.

El Jurado califica el texto de *Bernarda Z* como "breve escena independiente" y destaca del mismo que "aporta una posibilidad dura, que precisa de forma imprescindible del conocimiento previo por parte del receptor del material precedente, en un monólogo muy conseguido. La represión de Bernarda Alba sobre sus personas cercanas, la opresión constante y la inflexibilidad de la protagonista de la tragedia lorquiana prefigura al tiempo que posibilita este breve momento de visión alternativa, quizás complementaria, a dicha tragedia".

En virtud de la normativa por la que se rige el Certamen, por la Presidenta se recuerda al Secretario que ha de tomar las medidas oportunas a fin de que por el resto de los miembros del Jurado se preste conformidad al Acta.

Habiéndose cumplido los objetivos para los que fue convocada la sesión, por la Presidencia se da por concluida, siendo las once horas y cincuenta y cinco minutos.

Páginas de Honor

Teatro Breve

El sueño

de

José Moreno Arenas

El sueño

PERSONAJES

ACTOR 1.º
ACTOR 2.º
POLICÍA

ACTO ÚNICO

En las afueras de una gran ciudad; en un lugar apartado, posiblemente junto a un cochambroso puente. El escenario parece flotar en el aire. Todo apunta hacia algo irreal.

(Con unas ropas andrajosas hasta lo indecible, el AC-TOR 1.º y el ACTOR 2.º se encuentran sentados en el suelo, espalda con espalda. El ACTOR 2.º ronca. El ACTOR 1.º intenta silenciarlo emitiendo chasquidos con la lengua. No consigue su propósito.)

ACTOR 1.º–¡Deja ya de roncar, joder!

ACTOR 2.º–No estoy roncando.

ACTOR 1.º–¿Cómo que…?

ACTOR 2.º–Trato de encontrar en un sueño al hombre que hay en mí, al ser humano que llevo dentro.

ACTOR 1.º–¿…?

ACTOR 2.º–Pero no encuentro el espejo en el que mirarme.

ACTOR 1.º–¡Un sueño…! ¡Un espejo…!

ACTOR 2.º–Si no hay sueño, no hay espejo; si no hay espejo…

ACTOR 1.º–¡A ver si lo adivino…! Si no hay espejo, no hay hombre, ¿no…?

(De no se sabe dónde el ACTOR 1.º saca un espejo. Previo codazo en un costado, se lo entrega al ACTOR 2.º. Éste se levanta y, tras mirarse en él, salta de felicidad.)

ACTOR 2.º–¡Un hombre! ¡Un hombre! ¡Un hombre!

(El ACTOR 1.º *y el* ACTOR 2.º *lo festejan riendo
y bailando grotescamente.)*

ACTOR 1.º–¿Es guapo…?
ACTOR 2.º–No sé… No sé…
ACTOR 1.º–Déjame ver.

(El ACTOR 1.º *se asoma al espejo.)*

ACTOR 2.º–¿Tú qué crees…?
ACTOR 1.º–¡Psché…! No está mal.
ACTOR 2.º–Eso me parece a mí.
ACTOR 1.º–¿Por qué no lo tocas?
ACTOR 2.º–¿Tocarlo…?
ACTOR 1.º–Parece vivo.
ACTOR 2.º–Sí.
ACTOR 1.º–Quizá sea simpático.
ACTOR 2.º–¡Jo!
ACTOR 1.º–…Y puede que te salude.
ACTOR 2.º–¡Qué interesante!

(De pronto, con preocupación:)

Me da miedo.
ACTOR 1.º–¿Miedo…?

*(Que no sale de su asombro por las palabras de su com-
pañero:)*

¿Por qué…?
ACTOR 2.º–¿Tú crees que será simpático…?

(El ACTOR 2.° *mira al* ACTOR 1.°, *que responde encogiéndose de hombros.)*

ACTOR 1.°–No sé…

ACTOR 2.°–Es un hombre muy raro.

ACTOR 1.°–Sí, sí; raro sí que es.

ACTOR 2.°–No me extraña que viva en un espejo.

ACTOR 1.°–Por lo visto, hace falta vivir en el mundo de un espejo para ser un hombre.

ACTOR 2.°–¿Por qué…?

ACTOR 1.°–Es difícil contestar a esa pregunta.

ACTOR 2.°–Pero… ¿por qué en un espejo?

ACTOR 1.°–Mira…

(El ACTOR 2.° *se esfuerza en prestar máxima atención.)*

Puedes ser todo un señor con la barriga llena. Puedes tener a tu mujer satisfecha. Pero no serás así un hombre.

ACTOR 2.°–¿…?

ACTOR 1.°–Se necesita encontrar el espejo. Necesitas encontrarte a ti mismo.

ACTOR 2.°–Pero no es malo ser gordo y tener a tu mujer contenta.

ACTOR 1.°–Mientras tengas una idea, vivas como vivas, puedes hacerlo por ella. El día que pierdas esa idea y estés de total acuerdo con la forma en que vives, ya no cambias.

ACTOR 2.°–¡Qué follón me estás liando!

ACTOR 1.°–Es demasiado fácil comer, acostarte con tu mujer los sábados y soñar que vives.

ACTOR 2.º–Nosotros también soñamos.
ACTOR 1.º–Pero soñamos que vivimos.

(Duda.)

...O vivimos que soñamos. ...Y, al fin, nuestra vida es un sueño. ...O nuestro sueño es la vida.
ACTOR 2.º–Me está entrando sueño.

(El ACTOR 1.º, *llevado por la dinámica de la escena, responde embalado:)*

ACTOR 1.º–¡Es la vida!

(...Y de nuevo, espalda con espalda, se sientan. Aparece un POLICÍA, *que se acerca a ellos despacio, con cautela, aunque con firmeza. Seguro de sí, se detiene junto a los dos, que no le hacen el más mínimo caso. El agente de la autoridad rompe el silencio con voz severa:)*

POLICÍA.–Buenas tardes.

(El ACTOR 1.º *y el* ACTOR 2.º *permanecen inmóviles, sin levantar la cabeza. Aquél responde:)*

ACTOR 1.º–Malas para mí, pero buenas para alguien.
ACTOR 2.º–La vida está llena de contradicciones.
ACTOR 1.º–Quizás. Pero nadie sabe lo que es la vida.
ACTOR 2.º–...Si es que existe.
ACTOR 1.º–Sí; sí existe.
ACTOR 2.º–¡Ah!

(Sorprendido por la actitud del ACTOR 1.º *y del* AC-TOR 2.º, *el* POLICÍA *apunta con resolución:)*

POLICÍA.–Documentación, por favor.

(El ACTOR 1.º *levanta la cabeza y pregunta extrañado:)*

ACTOR 1.º–¿Docu...? ¿Qué...?
POLICÍA.–¡Muy bien...!

(Seco, conciso y severo:)

¡Documentación!

(El ACTOR 1.º *y el* ACTOR 2.º *se ponen en pie.)*

ACTOR 1.º–¿Tú tienes algo de eso?
ACTOR 2.º–No sé lo que es.

(En voz muy baja, al ACTOR 1.º:)*

¿Tú sabes lo que es?
ACTOR 1.º–¡Ni idea!
ACTOR 2.º–¡Estamos apañados!
ACTOR 1.º–Creo que lo mejor será preguntárselo. Él debe saberlo.
ACTOR 2.º–¿Tú crees...?
ACTOR 1.º–Si nos lo pide, lo sabrá.

(El ACTOR 2.º *se encoge de hombros.)*

¿No...?

ACTOR 2.º–Digo yo que sí...

ACTOR 1.º–Haces bien en dudar.

ACTOR 2.º–¿...?

ACTOR 1.º–Algunas veces se piden cosas que nadie sabe lo que son.

ACTOR 2.º–¡Demasiadas cosas!

> *(Entre asombrado e irritado, el* POLICÍA *trata de zanjar la cuestión.)*

POLICÍA.–¿Quieren dejar de hablar y darme su documentación?

> *(El* ACTOR 1.º *y el* ACTOR 2.º, *sin prestar atención al* POLICÍA, *continúan con su conversación.)*

ACTOR 1.º–No es por nada en especial, pero creo que deberíamos preguntarle –por supuesto, de manera educada y correcta– qué es lo que nos pide.

ACTOR 2.º–Como quieras...

ACTOR 1.º–A lo mejor es algo que llevamos encima y se lo podemos dar.

ACTOR 2.º–Me parece una razón acertada.

> *(El* ACTOR 1.º *y el* ACTOR 2.º *se vuelven hacia el* POLICÍA, *que está agotando la escasa paciencia que aún le resta.)*

ACTOR 1.º–¿Podría aclararnos qué es lo que nos pide?

ACTOR 2.º–...Si no es mucha molestia.

ACTOR 1.º–Con perdón...

(El POLICÍA, *en vías de franco cabreo, trata de aportar seguridad a sus palabras:)*

POLICÍA.–¿Qué...? ¿Tienen ganas de guasa?
ACTOR 1.º–No, señor.
ACTOR 2.º–Usted perdone.
ACTOR 1.º–No queremos ofender.
ACTOR 2.º–Sólo deseamos saber.
POLICÍA.–¿Es que no tienen documentación?
ACTOR 1.º–Pues...
POLICÍA.–¿No saben lo que es?
ACTOR 1.º–No, señor.
ACTOR 2.º–No lo sabemos.
POLICÍA.–Pero eso es ilógico.
ACTOR 1.º–A lo mejor...
ACTOR 2.º–Posiblemente...
ACTOR 1.º–¡Vaya usted a saber...!
ACTOR 2.º–Pero no estamos seguros.
ACTOR 1.º–No sabemos qué es lógica.
ACTOR 2.º–No.
ACTOR 1.º–¿...O cuál es su lógica?

(El POLICÍA, *muy excitado, sentencia:)*

POLICÍA.–¡Lógica sólo hay una!
ACTOR 1.º–Eso es lo que dice su lógica.
ACTOR 2.º–La nuestra, no.
ACTOR 1.º–La nuestra es diferente.
ACTOR 2.º–¡Claro!
ACTOR 1.º–Luego... hay más de una lógica.
ACTOR 2.º–¡Ahí duele!

ACTOR 1.º–Lo cual es lógico, ¿no…?

(El POLICÍA, *confundido, se rasca la cabeza.)*

POLICÍA.–No les entiendo.

(El ACTOR 1.º, *conciliador, da al* POLICÍA *unas palmaditas en la espalda.)*

ACTOR 1.º–No se preocupe.

(Carraspea.)

Es cuestión de lógica.

(El ACTOR 1.º *y el* ACTOR 2.º *se sientan en el suelo.)*

¡Ande, siéntese aquí con nosotros!
ACTOR 2.º–¡Eso, siéntese!

(El ACTOR 1.º *tiende una botella de vino al* PO-LICÍA.)*

ACTOR 1.º–¿Un trago…?

(El POLICÍA, *abrumado por esta inesperada experiencia, se sienta. Maquinalmente, toma la botella. Va a beber. De pronto la rechaza y se levanta con brusquedad.)*

POLICÍA.–¡No!
ACTOR 1.º Y ACTOR 2.º.–¡…!

POLICÍA.–¡No me engañaréis, vagos!
ACTOR 1.º–No queremos engañarle.
ACTOR 2.º–Sólo invitarle a sentarse con nosotros.
ACTOR 1.º–Nos gusta compartir lo que tenemos.
ACTOR 2.º–...Incluida la botella.

(El POLICÍA, *furioso, grita:*)

POLICÍA.–¡No...! ¡No...! ¡Nada de eso...!

(*Guardando las distancias:*)

¡Yo soy la ley!

(*Desconfiando del* ACTOR 1.º *y del* ACTOR 2.º:)

¡...Y a la ley no se la engaña!
ACTOR 1.º–Tiene usted razón.

(*Se pone en pie. Su compañero hace otro tanto.*)

No se la engaña.
ACTOR 2.º–Ni siquiera los poderosos.
ACTOR 1.º–Ni los ricos.
ACTOR 2.º–Ni los multimillonarios.
ACTOR 1.º–Ni los "chupópteros".
ACTOR 2.º–Está usted en lo cierto, señor policía.
POLICÍA.–¿...?
ACTOR 2.º–A la ley no la engaña nadie.

(*Convencido, el* POLICÍA *señala:*)

POLICÍA.–¡Exactamente!

> *(Se miran los tres fijamente. El* ACTOR 1.° *y el* AC-
> TOR 2.° *se sientan y buscan la botella. Beben.)*

ACTOR 1.°–…Y ahora siéntese.
ACTOR 2.°–…Para celebrarlo.
ACTOR 1.°–Sólo un momento.
ACTOR 2.°–…Y sin engaños.

> *(El* POLICÍA, *aturdido como en la ocasión anterior, se sien-
> ta. Bebe de la botella, que le es ofrecida por el* ACTOR 1.°.*)*

ACTOR 1.°–¿Ve…? ¿A que todo es mejor así…?
ACTOR 2.°–Entre amigos…

> *(El* POLICÍA *se pone rápidamente en pie y exclama
> con voz muy seria:)*

POLICÍA.–¡Quedan detenidos en nombre de la ley!

> *(El* ACTOR 1.° *y el* ACTOR 2.°, *extrañados, se le-
> vantan con provocadora lentitud.)*

ACTOR 1.°–¿Por qué…?
POLICÍA.–¡Por vagos!
ACTOR 1.°–¿Quiénes…?
POLICÍA.–¿Cómo que quiénes…?

> *(Gritando:)*

¡Ustedes!

ACTOR 1.º–Pero nosotros no somos vagos.
ACTOR 2.º–No, señor.
ACTOR 1.º–Mire por ahí.

(Señalando al público:)

Seguro que en el patio de butacas hay algunos.
ACTOR 2.º–Habrán venido a reventar nuestro trabajo, en vez de ir a buscar uno para ellos.
ACTOR 1.º–...Y, suponiendo que fuéramos vagos, ¿qué pruebas tiene usted?
POLICÍA.–¡Pruebas...! ¡Pruebas...! ¡Pruebas...!

(Sonríe sarcásticamente. Imprimiendo inusitada rapidez a sus palabras:)

¡No tienen ustedes documentación...! ¡No hacen nada...! ¡Tienen aire de maleantes...! ¡Van mal vestidos...!

(Bastante más calmado y espaciando la pronunciación de las palabras:)

No hacen nada aquí. ...Y dudo que alguna vez hayan hecho algo útil en alguna parte. Sólo están tirados en la calle, como perros, y...

(Se rasca la cabeza y añade de un tirón:)

¡...Y no hay más que hablar!

(Silencio tenso.)

ACTOR 1.º–¿Es un delito no tener documentación?
POLICÍA.–¡Claro!
ACTOR 1.º–¿Por qué?
POLICÍA.–Pues porque...

(Dudando:)

Porque...

(Triunfante:)

¡Porque todo el mundo debe tenerla!
ACTOR 1.º–¿Los negros también?
POLICÍA.–Los negros también.
ACTOR 2.º–¡Jo!
ACTOR 1.º–¿...Y los amarillos?
POLICÍA.–También; los amarillos también.
ACTOR 2.º–¡Jo!
ACTOR 1.º–¿...Y los mulatos?
POLICÍA.–¡Sí!

(Con la paciencia agotada:)

¡Los mulatos también!
ACTOR 2.º–¡Jo!
POLICÍA.–¡Todos! ¡Todos! ¡Todos!

(Gesticulando exageradamente con los brazos y gritando como un poseso:)

¡El mundo entero!

ACTOR 1.º–¿Por qué...?

POLICÍA.–¡Lo dice la ley!

ACTOR 1.º–¿Sólo por eso...?

POLICÍA.–¿Le parece poco?

ACTOR 1.º–No; si...

POLICÍA.–¡...Y porque es necesario para el bien de todos!

ACTOR 1.º–¿Del nuestro también...?

POLICÍA.–¡También!

ACTOR 1.º–Pero nosotros no tenemos documentación. En realidad, nunca la hemos tenido. ...Y nos va extraordinariamente bien.

ACTOR 2.º–¿Por qué la tenemos que llevar si no nos hace falta?

POLICÍA.–¡Porque lo manda la ley!

ACTOR 1.º–¿...Y quién hace la ley?

POLICÍA.–Pues...

(Inseguro:)

...los hombres.

ACTOR 1.º–Si es cierto, como usted argumenta, que la ley la hacen los hombres, quiere decir que mañana la podrían cambiar, ¿no...?

POLICÍA.–Pues...

(En la misma línea de inseguridad:)

...supongo que sí.

ACTOR 1.º–Entonces..., si mañana dijeran que la documentación dejaba de ser necesaria, ¿sería retirada...?

POLICÍA.–¡Naturalmente!

ACTOR 2.º–¡Mundo maravilloso!

ACTOR 1.º–Pues si hoy hace falta y mañana puede no hacerla, no le veo fundamento a defender a capa y espada una cosa que en el futuro puede ser inútil.

(El ACTOR 2.º *no puede contener un golpe de risa.)*

¿Qué te ocurre?

ACTOR 2.º–¿Capa y espada...? ¿Capa y espada...? ¿Capa y espada...?

(Sigue riendo. Señalando al POLICÍA*:)*

¡Porra y pistola!

(Más risas.)

POLICÍA.–¡Hombre...!

(Irónico:)

Le va el cachondeo, ¿no...?

(Cesan las risas en seco.)

ACTOR 2.º–Perdón.

(Silencio.)

POLICÍA.–Los tiempos cambian y, en consecuencia, las leyes deben ser cambiadas.

ACTOR 1.º–Eso es sinónimo de subdesarrollo.

POLICÍA.–¡Está loco! ¡No sabe lo que dice!

ACTOR 1.º–Las leyes no deben ser cambiadas, sino adaptadas a cada momento.

(Con voz firme, pero falsamente segura, el POLICÍA *increpa al* ACTOR 1.º*:)*

POLICÍA.–¡Pero yo cumplo la ley! ¡…Y eso me basta!
ACTOR 1.º–¿Incluso a solas?
POLICÍA.–¿Cómo que a solas?
ACTOR 1.º–A solas, con su alma.
ACTOR 2.º–¿Eso le satisface?
POLICÍA.–¡Sí! ¡Sí! ¡Sí!
ACTOR 1.º–…Y si no hubiera ley, ¿qué haría usted?
POLICÍA.–¡Eso no viene a cuento!

(Queriendo terminar cuanto antes con esta situación que le resulta incómoda:)

¡Ustedes se vienen conmigo y… se acabó!
ACTOR 1.º–Pero… ¿por qué?
POLICÍA.–¡Por vagabundos!
ACTOR 1.º–¿Por eso…?
ACTOR 2.º–¿Eso es delito…?
POLICÍA.–¡Sí!
ACTOR 1.º–Pero si nosotros llevamos aquí mucho tiempo…
ACTOR 2.º–Yo diría que… una eternidad.
ACTOR 1.º–Mucho más…
ACTOR 2.º–Eso como poco…
ACTOR 1.º–Parados…
ACTOR 2.º.–Sin hacer nada…
ACTOR 1.º–Sin molestar a nadie…

ACTOR 2.º–Sin perjudicar…
ACTOR 1.º–Sin…
POLICÍA.–¡Alto!

(Silencio.)

Da igual lo que digan.
ACTOR 1.º–¿Qué insinúa…?
POLICÍA.–Tienen ustedes facha de vagos, de ir de acá para allá sin hacer nada de provecho.
ACTOR 1.º–¿Juzga usted siempre a la gente por su facha?
ACTOR 2.º–¿Se forma una opinión de los hombres por las apariencias?
ACTOR 1.º–¿Sólo los harapientos son vagabundos?
POLICÍA.–¡Claro!

(Confuso:)

Quiero decir…

(El POLICÍA *no encuentra palabras para expresar con rapidez su pensamiento, lo que aprovecha el* AC-TOR 1.º *para interrumpirle.)*

ACTOR 1.º–Pero hay hombres que recorren más mundo que nosotros…
ACTOR 2.º–…Y en aviones y trenes.
ACTOR 1.º–Como los poderosos, los ricos, los millonarios y los "chupópteros".
ACTOR 2.º–…Y en partidos y otras organizaciones.
ACTOR 1.º–Como los activistas y abanderados del bienestar de los demás.

ACTOR 2.º–Naturalmente, siempre que su bienestar no corra peligro.

ACTOR 1.º–¡Medio mundo viaja!

ACTOR 2.º–¡...Y la mitad del otro medio!

POLICÍA.–Eso es diferente.

ACTOR 1.º–¿Por qué...?

POLICÍA.–Porque son respetables y viajan por algún motivo.

ACTOR 1.º–¿Por qué son respetables?

ACTOR 2.º–¿Por la facha...?

POLICÍA.–¿Qué dicen?

ACTOR 1.º–Nosotros también tenemos motivo para viajar.

POLICÍA.–¡No me haga reír!

ACTOR 1.º–Nuestro motivo es muy simple.

POLICÍA.–¿...?

ACTOR 1.º–Estamos buscando nuestros espejos.

(La irritación del POLICÍA *alcanza cotas inimaginables.)*

POLICÍA.–¡Están locos! ¡Dejen de decir tonterías! ¡Cállense!

(El ACTOR 1.º *y el* ACTOR 2.º *guardan silencio. Tras ponerse de acuerdo con un gesto, se encogen de hombros y optan por sentarse en el suelo. Sacan tabaco y fuman. Miran estoicamente al público. El* POLICÍA, *que no sabe si reír o llorar, no deja de observarles. Aburrido, el* ACTOR 1.º *lanza un profundo y lastimero suspiro:)*

ACTOR 1.º–¡Ay!

(También aburrido, el ACTOR 2.º *imita a su compañero:)*

ACTOR 2.º–¡Ay!

(El POLICÍA, *con evidentes síntomas de nerviosismo, chilla enfurecido:)*

POLICÍA.–¡Levántense!

(El ACTOR 1.º *y el* ACTOR 2.º *no se inmutan. Se pasan la botella entre ellos y beben.)*

¡He dicho que se levanten!

(Ni caso. Suplicante:)

¡Por favor, levántense!

(El ACTOR 1.º *y el* ACTOR 2.º *se cruzan la mirada.)*

ACTOR 2.º–Esta situación no me divierte.
ACTOR 1.º–Entonces…, te está ocurriendo lo mismo que a mí.
ACTOR 2.º–¡Qué coincidencia!
ACTOR 1.º–…Pero ha estado bien mientras ha durado.
ACTOR 2.º–Sí.
ACTOR 1.º–¡Una buena comedia!
ACTOR 2.º–¡Muy buena!
ACTOR 1.º–Cualquiera habría afirmado que somos filósofos o algo así.
ACTOR 2.º.–¡Ya lo creo!
ACTOR 1.º–¡Qué gran representación!
ACTOR 2.º–¡Sensacional!

(El ACTOR 1.º *y el* ACTOR 2.º *ríen. Aquél señala al* POLICÍA *y apunta:)*

ACTOR 1.º–…Y éste también lo ha hecho muy bien.

(El ACTOR 1.º, *alertado por una mano del* ACTOR 2.º, *mira al* POLICÍA, *que los contempla con desesperación.)*

ACTOR 2.º–Oye…
ACTOR 1.º–Sí…
ACTOR 2.º–Tiene una cara muy rara.
ACTOR 1.º–Ya lo he advertido.
ACTOR 2.º–No me gusta.
ACTOR 1.º–Puede que esté enfermo.
ACTOR 2.º–Pregúntale.
ACTOR 1.º–Sí.

(Al POLICÍA, *que está a punto de estallar:)*

¿Se encuentra usted mal…?

(Silencio. El POLICÍA *hace grandes esfuerzos por contenerse.)*

ACTOR 2.º–¿Le duele algo…?
ACTOR 1.º–Siéntese con nosotros y beba.

(El POLICÍA *se derrumba entre ellos. Empina la sempiterna botella. Está triste.)*

POLICÍA.–¿Por qué…? ¿Por qué yo…?

(Muy pausado:)

Vida tranquila y apacible. Trabajo disciplinado y metó-
dico. Rutina, orden y todo eso. …Y me encuentro con
ustedes, con un par de borrachos absurdos, que hablan y
piensan, dialogan y discuten, y no creen en lo que dicen.

(Breve pausa.)

¡Todo ha sido comedia!
ACTOR 1.º–¡Todo, señor!
ACTOR 2.º–¡Todo!
POLICÍA.–Comedia, la filosofía; comedia, la mentira.

*(Mirando con desprecio al ACTOR 1.º y al ACTOR
2.º:)*

¡No creen en sus mentiras…! ¡Ni siquiera creen en sus
verdades…! ¡No se apasionan por nada…!

(A un paso del sollozo:)

¡Sólo comedia!
ACTOR 1.º–¡Sólo!
ACTOR 2.º–¡Sólo!

*(Silencio. Una luz se centra en el POLICÍA, que tiene
la botella entre las manos. El ACTOR 1.º y el AC-
TOR 2.º, indiferentes, se tumban en el suelo.)*

POLICÍA.–¿Saben…?

(Se humedece los labios.)

Yo tuve un hijo. Era muy educado.

(Con orgullo de padre:)

Estudió en un acreditado colegio de religiosos. ¡En uno de los mejores! ...Y siempre fue muy buen estudiante.

(Triste y amargado:)

Creo que nunca le comprendí. Leía mucho, pero he de confesar que jamás me interesé por sus libros. Estudiaba en la universidad cuando me dijo que se había cansado. ...Y se marchó.

(Con lágrimas en los ojos:)

...Y yo le dejé marchar. Se perdió vagando por las ciudades, viviendo como podía entre paredes cochambrosas.

(Algo animado:)

Me escribió una carta. ¡Sí, señores! Todavía se acordaba de su padre. Decía que nada es importante, que nada es como parece, sino como queremos que sea, y muchas cosas más.

(Cambiando otra vez la expresión de su rostro:)

Aún sigo sin comprender. Le quise dar todo lo que tenía y no lo aceptó. ¿Por qué...? ¡Necesito saberlo...!

(Llorando:)

...Y después se quitó la vida. Sus últimas palabras fueron: "Todo es comedia."

(El haz de luz se hace más grande. El ACTOR 1.º *se levanta.)*

ACTOR 1.º–La soledad aprieta. ¿Verdad, amigo...?

(Distanciándose del POLICÍA, *pero midiendo sus pasos:)*

...Y, aunque digan que es dulce como la noche, deja un poso amargo.

(Avanzando lentamente hacia el POLICÍA:*)*

La soledad atormenta las más recónditas intimidades del alma. ...Y un día ni siquiera sirve el amor... o el licor... o la orgía.

(El POLICÍA *se cubre el rostro con las manos.)*

No sirve nada, porque surge de pronto. ...Y sus ojos son demasiado bellos para poder volver a mirar otras pupilas.
POLICÍA.–¡ Sí...!

(Herido en lo más profundo, se levanta rápidamente.)

¡La soledad muerde bastante fuerte! ¡...Y nada hay que la cure!

ACTOR 1.º–Se equivoca, amigo...

(El ACTOR 2.º se pone en pie.)

Las ganas de vivir la curan.
ACTOR 2.º–También los sueños espantan la soledad.
ACTOR 1.º–...Y la comedia.
ACTOR 2.º–...Y la ilusión.
ACTOR 1.º–...Y el espejo.
POLICÍA.–¡No hace más que hablar de un espejo...! ¿Se puede saber dónde está ese espejo...?
ACTOR 1.º–Ese espejo está en todos lados. Va con cada uno. Es como una sombra. Nos persigue adonde vamos. Pero le hacemos poco caso.
POLICÍA.–Si no se explica mejor...
ACTOR 1.º–Hay que mirarse en ese espejo para conocerse a sí mismo. Ahí radica la felicidad. El que logra mirarse en él a fondo, ése no desea nada más en esta vida.
POLICÍA.–¿...?
ACTOR 1.º–Algunas personas ni siquiera saben que existe. Lo peor que les puede pasar es...

(Sonriendo irónicamente:)

...que otros miren en su espejo y sepan todo de ellas.
POLICÍA.–¡Yo no veo ningún espejo!

(Mirando a su alrededor:)

¡Ninguno!
ACTOR 1.º–Hay que buscarlo en los sueños.
ACTOR 2.º–¡En los sueños!

ACTOR 1.º–Saber soñar en soledad es un arte.

ACTOR 2.º–¡Es casi un arte innato!

ACTOR 1.º–No está al alcance de cualquiera.

ACTOR 2.º–Hay unos hombres solitarios que han nacido así.

ACTOR 1.º–...Y ésos nunca se desprenderán de su soledad, pues la aman.

ACTOR 2.º–Muy cierto. Sí, señor.

ACTOR 1.º–Gracias, de nuevo.

ACTOR 2.º–De nada, de viejo.

> *(El ACTOR 1.º y el ACTOR 2.º se saludan mediante una leve inclinación de cabeza. Después bailan, al tiempo que recitan:)*

ACTOR 1.º Y ACTOR 2.º–Nuevo, viejo.
Viejo, nuevo.
Nuevo, viejo.
Viejo, nuevo.

> *(El ACTOR 1.º y el ACTOR 2.º toman aliento. El POLICÍA, que ha ido reprimiendo su ira, de pronto estalla:)*

POLICÍA.–¡Ustedes no creen en nada! ¡No aman nada!

> *(Silencio. Tratando de creerse sus propias palabras:)*

Lo suyo es un mundo de fantasía... Se han fabricado un mundo a conveniencia... Su mundo no es real...

ACTOR 1.º–...Y nosotros somos muñecos de fantasía aprisionados en un espejo. Somos dos vagabundos borrachos que han querido romper el espejo sin romper la imagen.

POLICÍA.–¿...Y qué han obtenido?

ACTOR 1.º–Trozos de cristal rotos y manchados de sombras.

ACTOR 2.º–Pero ahora los estamos buscando, ¿sabe...?

(El ACTOR 1.º *y el* ACTOR 2.º *hacen como que los buscan. El* POLICÍA *queda completamente aturdido.)*

Los estamos recogiendo poco a poco.

ACTOR 1.º–Cada trozo es una sombra diferente.

ACTOR 2.º–...Y aún no los tenemos todos.

ACTOR 1.º–...Pero algún día los tendremos.

ACTOR 2.º–...O no.

ACTOR 1.º–¡Vaya usted a saber...!

(Con decisión:)

Pero no importa, porque la vida nos ha enseñado que nada es demasiado importante ni merece serlo.

ACTOR 2.º–¿Viene usted también a buscar su espejo partido...?

ACTOR 1.º–Vivirá un poco a través de cada trozo.

ACTOR 2.º–¿Quién sabe...?

(Sonriendo al POLICÍA:)*

Quizá le guste alguno.

(El POLICÍA, *en un arranque, esposa a ambos, que, al no esperarlo, apenas han podido reaccionar.)*

ACTOR 1.º–Piense lo que está haciendo. Aún puede rectificar.

(El POLICÍA *saca pecho, tratando de transmitir una imagen enérgica.)*

Está cortando las alas a su sueño antes de tenerlo.

(…Y se los lleva detenidos. Cae el telón.)

Teatro Mínimo

La pena

de

José Moreno Arenas

La pena

PERSONAJES

MADRE
HIJO

ACTO ÚNICO

El escenario carece de decoración.

(La MADRE, *a lágrima viva, no encuentra consuelo ante su* HIJO.)

MADRE.–¡Ay, Dios mío…! ¡Qué pena más grande…!
HIJO.–Pero, mamá, yo…

(…Y acude presto a consolar a su MADRE, *que rechaza los brazos de aquél.)*

Yo no pretendo ofenderte.
MADRE.–¡Calla, mal hijo…!

(El HIJO, *temeroso, da un paso atrás.)*

¿Cómo puede hacerse esto a una madre…? ¿Cómo…?

(…Y encuentra consuelo en un pañuelo.)

¿Cómo es posible, Dios mío, que…?

(…Y coge una verraquera de inútil contención. El HIJO *no sabe si secundarla o echarse a reír. …O las dos cosas a un tiempo.)*

HIJO.–Te juro, mamá, que yo…
MADRE.–…Y eso que has llegado nada menos que a ministro…

(La MADRE *es un surtidor de lágrimas.)*

…Que desde tu posición es mucho más fácil dar gusto a tu pobre madre…

(La llantina no tiene fin.)

Lo que pasa es que ya no me quieres…

(Lágrimas y más lágrimas de cocodrilo.)

HIJO.–Te prometo, mamá, que…

(Dubitativo:)

¿Te juro o te prometo…?

(Hecho un lío:)

¡Las dos cosas, joder…!

(Decidido:)

Te juro y te prometo que desde mañana…
MADRE.–Eso es lo que dices siempre…

(Que no deja de llorar:)

…pero nunca lo cumples.
HIJO.–Esta vez, mamá, va en serio…
MADRE.–Te conozco muy bien. Eso es para que deje de llorar.

(…Y arranca otra verraquera. El HIJO *intenta acercarse de nuevo, pero ella, enérgica, lo rechaza.)*

¡Obras son amores! ¡Apártate de mí, mal hijo!

(El HIJO, *compungido, se separa.)*

Ahí tienes a tu hermano mayor, que sólo siendo capitán robó el arsenal del cuartel para demostrarme su amor. Sólo porque yo se lo pedí. ¡En Picassent, entre barrotes, como Dios manda!

(Entre desafiante y amenazadora:)

…Y de tu hermano menor, ¿qué quieres que te diga…? No pasó de director de una agencia urbana de una caja de ahorros. Pero… ¡obediente como el que más! ¡Un desfalco y… a la sombra en Alcalá-Meco! ¡Todo un carácter!

(Más desafiante y más amenazadora:)

¿…Y qué me dices de tu hermana, eh…? ¡De la dirección de la empresa recaudadora al más célebre trullo para mujeres! ¡Ahí es nada: Yeserías!

(Muy decepcionada:)

¿…Y tú qué, eh…? ¡Mal hijo! ¡Ministro para nada! ¡Eres la vergüenza de la familia! ¡Qué pena más grande, Dios mío…! ¡Qué pena…! ¡Qué pena…! ¡Qué pena…!

(Se suena la nariz con gran estrépito y después dedica a su HIJO *una mirada cargada de desprecio. Ofendida, da unos pasos para salir del escenario, pero se interpone el* HIJO, *que la estrangula.)*

HIJO.–No sé cómo te las apañas, pero siempre acabas saliéndote con la tuya, mamá. ¡Hala…! ¡A Carabanchel…!

(…Y, presto, se dispone a salir del escenario. Cae el telón.)